열네 살, 한국에 왔어요

- 중도입국 청소년들과 강릉 교사, 청년들의

강릉살이 '자음모음' 프로젝트 -

당신의 바다는
삶을 받아쓰는 당신을 응원합니다.

책 제목 열네 살, 한국에 왔어요
2025년 6월 30일 1판 1쇄 펴냄

글쓴이 김기수, 김수윤, 김채원, 안솔미, 양서영, 이재현, 최수지
펴낸이 김민섭
펴낸곳 당신의바다

출판등록
주소 강원특별자치도 강릉시 강릉대로 217 3층
이메일 xmasnight@daum.net

ISBN 979-11-93847-36-7   03810

만든 사람들
편집 이유나   **디자인** 김현아

〈열네 살, 한국에 왔어요〉 출판에 함께 하지 않았지만 모음이로 함께 한 전범석, 장수지 두 분에게도 깊은 감사를 전합니다. 자음이들에게 다정한 이웃이 되어주셔서 감사합니다.

개인 정보 보호를 위해 자음이들의 이름은 모두 가명으로 썼습니다. 자음이들이 강릉 그리고 대한민국에서 안전하고 행복한 삶을 가꾸어 나가길 바랍니다.

열네 살,
한국에 왔어요

중도입국 청소년들과 강릉 교사, 청년들의
강릉살이 '자음모음' 프로젝트

"한국이 좋아, 키르기스스탄이 좋아?"

'자음모음' 프로젝트는 내 안에 다문화라는 말이
처음 들어오고 경험한 일련의 과정 위에 있습니다.
'자음모음' 프로젝트가 서로에게 다정한 이웃이 되는
따뜻한 손길이 되길 바랍니다.

여는 글

~~~
서로가 서로에게
다정한 이웃이 되어주면 좋겠습니다.
~~~

　5학년에는 중국에서 온 소예가 있습니다. 중국에서 선생님에게 철자로 맞으며 공부했다는 소예는 한국 선생님들이 때리지 않아 무섭지 않다며 공부를 하지 않습니다. 2학년과 4학년에는 일본인 남매 에마와 렌토가 있습니다. 사춘기를 시작한 렌토는 어느 날 학교에 왔다가 집으로 그냥 돌아갔습니다. 담임 선생님은 렌토의 사춘기가 그동안 봤던 한국 아이들의 사춘기와 다르다고 합니다. 일본 드라마에서 보던 일본인 사춘기 같다고 합니다. 6학년과 3학년에는 3년 동안 나이지리아에서 살다가 돌아온 지필이와 호연이가 있습니다. 한국어를 잘 하지만 무언가 조금 어색합니다. 영어를 잘 하고 불어도 조금 할 줄 압니다. 6학년 아이들은 호주로 떠난 진이와 율이를 보고 싶어 합니다. 언제 또 학교에 오냐고 묻습니다. 호주에서 학교를 다니는 진이와 율이는 호주 학교가 방학일 때 한국에 와 한국 학교를 다녔습니다. 이 상태로도 충분히 글로벌한데

미국과 스리랑카, 뉴질랜드에서 전학생이 온다고 합니다. 와, 다섯 손가락이 넘는 국적의 이주배경을 가진 아이들이 한 학교로 모이고 있습니다. 2025년 3월 제가 근무하는 공립학교 이야기입니다.

미래 학교의 모습은 이런 모습일까요? 이런 학교에서 학생과 교사, 학부모는 안녕할까요? 이런 모습의 학교는 일부에 불과할까요? 우리는 무엇을 해야 할까요? 질문을 던지는 순간, 머리가 지끈거리는 상황들이 우리들 눈앞에 펼쳐집니다. 이러한 상황들은 눈을 감는다고 사라지지 않습니다.

2024년 12월 기준 국내 등록된 외국인 수는 1,488,353명으로 지난 분기보다 28,965명이나 증가했습니다. 강릉시에 등록한 외국인 수는 3,835명으로 지난 분기보다 133명 증가했습니다.

– 법무부 출입국·외국인정책본부 제공 통계월보 내용 중 일부

우리 사회에 외국인이 계속해서 늘어나고 있습니다. 자연스레 학교 현장도 이주배경을 가진 청소년들이 급격히 늘어나고 있습니다. 더불어 여러 질문이 머릿속에 계속해서 늘어나고 있습니다. 우리 사회는 어디로 향하고 있을까요? 우리는 어떤 사회를 만들어야 할까요? 혼란스러운 학교 현장의 어려움을 학교 안에서만 해결할 수 있을까요? 학교 밖에서도 함께 행동하면 학교에 도움이 되지

않을까요? 교사뿐만 아니라 지역의 시민들과 함께 이주배경 청소년을 품을 수는 없을까요? 끝없는 질문은 한글을 매개로 이주배경 청소년들을, 그중에서도 중도입국 외국인 청소년들을 만나 실천으로 이어졌습니다.

2024년 강릉의 선생님들과 청년들은 강릉청소년마을학교 날다와 강릉청년커뮤니티 이음이 함께 기획한 '자음모음' 프로젝트로 중도입국 외국인 청소년들을 만났습니다. 선생님들과 청년들은 모음이란 이름으로, 중도입국 청소년들은 자음이란 이름으로 강릉을 공책 삼아 한글을 공부하고 삶을 나누며 우정을 쌓았습니다. 한글을 가르치려고 했던 모음이들은 오히려 자음이들을 만나 더 중요한 것을 배웠습니다. 모음이는 한글을 가르치는 것을 넘어 자음이와 함께 강릉에서 '오늘이 행복한 삶'을 함께 가꾸었습니다. 이 책은 모음이와 자음이들이 함께 살아간 이야기를 담았습니다.

경계에서 이루어진 이 이야기가 경계로 나뉜 어떤 이들에게 작은 영감을 전할 거라고 믿습니다. 그 영감으로 서로가 경계를 허무는 용기를 품을 거라고 확신합니다. 경계에서 함께 한 '자음모음' 프로젝트가 경계로 지친 이들에게 따뜻한 위로를 전하면 좋겠습니다. 그렇게 서로가 서로에게 다정한 이웃이 되어주면 좋겠습니다.

강릉 운양초등학교 교사,

강릉청소년마을학교 날다 총괄교사 및

강릉청년커뮤니티 이음 대표 김기수 씀

이 책은 알라딘 북펀딩을 통해 출간되었습니다.

다정한 마음으로 후원해주신 모든 분들께 감사드립니다.

도움을 주신 분들:

SYWJ, 강다방 이야기공장, 강성식, 강원국제교육원원장, 강은지, 강주오, 강현명, 건전한 기자, 경서, 구자은, 권윤경, 김기수, 김도훈, 김동연, 김동욱, 김레오, 김미선, 김민선, 김민영, 김세준, 김수윤의 친구, 김승길, 김안나, 김영민, 김인정, 김재양, 김준호, 김지민, 김지연, 김지혜, 김지희, 김평수교수(고려대), 김하은, 김해원, 김현재, 김현혜, 김혜윤, 까먹샘, 남현선, 낭만거북이, 다정한 어른, 단구중학교, 덕동어른 김상섭, 돌나래, 따뜻한시선, 마루와마당, 문세린, 문지혜, 문하윤, 문현선, 민천홍, 박경숙, 박숙희, 박애뜨, 박준수, 박진숙, 백승주, 빈정현, 서경진, 서예슬, 서윤희현천고학부모, 서정아, 신동누나, 신현영, 심명진, 안민영, 안병진, 안솔미, 양복숙, 양서영, 왕드레킴, 요술램프, 운산초등학교, 운산초신지우신승우, 월마, 유미진, 윤영규, 윤형순, 이건희, 이경태, 이다온, 이도영, 이동규, 이루다, 이만희, 이미나, 이세훈, 이소운, 이슬희, 이의진, 이재용, 이정현, 이하나, 이현서, 이현우, 이형빈, 이희주, 임수현, 임숲길, 임슬아, 임태산, 자라는공동체, 자운, 장수지, 장현준, 전범석, 전주호, 전지연, 전지원, 전현욱, 정영희, 정용욱(윤구아빠), 정운곤, 정윤찡, 정은정, 정효진, 조성예, 조영범, 조한혜정, 조현태, 주미림, 지선미, 책뜰in 상상이상, 초록연필 김여진, 최계자, 최고봉, 최동미, 최미혜, 최수경, 최수지, 최원종, 최지원, 토란, 파마리서치문화재단, 한국부모교육연구소, 한승훈, 한원영, 한준성, 함께행복해요, 혜윰이네가족, 홍문숙, 황선희, 황승택 외 45명

목차

여는 글

서로가 서로에게 다정한 이웃이 되어주면 좋겠습니다. 김기수 4

1. 모음이들이 경계를 넘나들며

김기수

- ◇ 우연히 아니, 운명처럼 만나다. 16
- ◇ 배라와 키오스크 그리고 14살 청소년 23
- ◇ 다정한 이웃들과 경계에서 함께 하기 29

김채원

- ◇ 첫 만남은 너무 어려워 33
- ◇ 나 뭐 된다는 착각 37
- ◇ 1년의 기록 아니, 후회 41

안솔미

- ◇ 서점에 웬 오리가? 48
- ◇ 귤 한 쪽도 나눠 먹는 사이 51
- ◇ '한국이 좋아? 키르기스스탄이 좋아?'라는 질문 대신 53

최수지

- ◇ 아이들은 스스로 잘 자란다. 60
- ◇ 아이들이 서 있는 곳, 그곳은 어디쯤일까 66

양서영

- ◇ 미래의 건축가와 솔올미술관에 가다. 73
- ◇ 깨지지 않는 마음이 닿은 날 77
- ◇ 소돌, K-장녀, 우리는 참 비슷해 81

김수윤

- ◇ 망한 소개팅이란 이런걸까? 88
- ◇ 어떻게든 너희들의 이야기를 듣겠어! 91
- ◇ 다르게 공부할 수는 없을까? 93
- ◇ 아이들이 그저 살기를 바란다. 96

이재현

- ◇ 자음모음 그날그날 102

2. 자음이들이 삐뚤빼뚤 한글로

◇ 라밀 114
◇ 예고르 120
◇ 다니일 126
◇ 소피야 130
◇ 크세니야 136
◇ 알렉산드르 142
◇ 미론 150
◇ 안나 158
◇ 스베틀라나 166
◇ 보리스 174
◇ 알료나 178

닫는 글

늘 있었던 사람들과 있으나 없는 사람들의 어울림

최복규 (강릉시외국인근로자지원센터장) 184

기댈 어른이 있다는 것

이란주 (아시아인권문화연대 대표) 185

1.

모음이들이

경계를 넘나들며

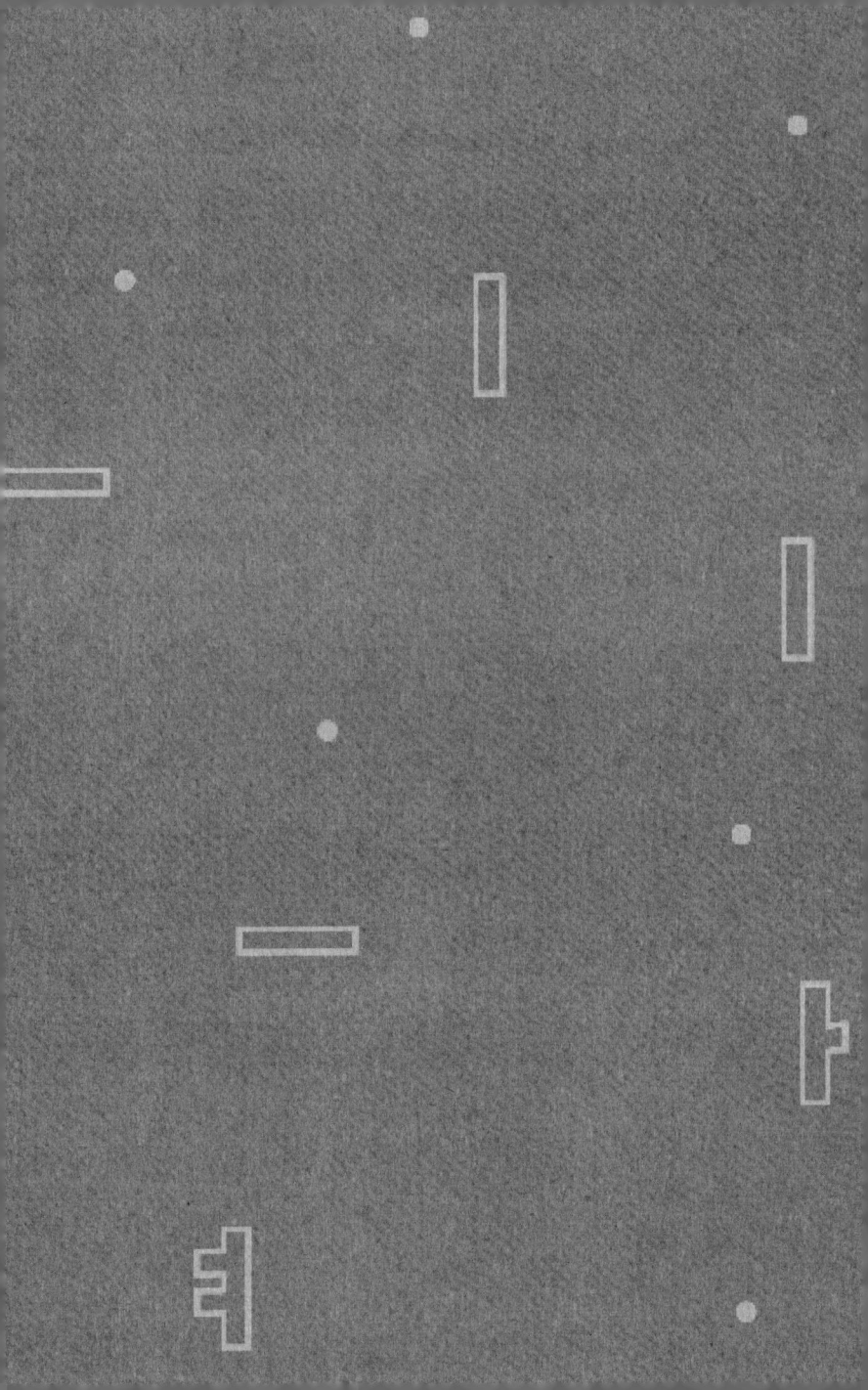

작가 소개

초등학교에서 아이들과 함께 살고 있습니다. 대학생 때 결혼 이주 여성 어머니와 나이가 지긋한 아버지 사이에서 태어난 8살 여자 아이를 과외 수업으로 만나며 내 안에 처음으로 다문화라는 말을 담았습니다.

20대 중반에는 인천에서 어울림이끌림 사회적협동조합을 만났습니다. 그 당시 대한항공 기장인 대표님과 다양한 배경을 가진 이웃들이 꾸려나가는 어울림이끌림을 보며 학교 밖에서 교사의 역할은 무엇인지 고민했습니다. 다정한 이웃들과 미얀마 난민, 탈북민 등 이주배경 청소년들이 한국에 정착하는 데 함께 힘을 보탰습니다. 〈강아지 똥〉을 시작으로 그림책을 읽어주고, 함께 읽으며 한글을 공부했습니다. 명절에는 전래놀이 한마당을 기획하고 진행하며 함께 어울렸습니다.

학교가 학교 안팎을 나누는 경계가 되면 안 된다고 생각합니다. 아이들도, 선생님들도 학교 안팎을 넘나들 때 아이들도, 선생님들도 나아가 학교와 지역사회도 함께 건강할 수 있다고 믿습니다. 학교 현장에 빠르게 들어오는 이주배경 청소년들, 그들과 함께 살아갈 방법은 학교 안에만 있지 않습니다. 학교 안팎을 넘나들며 고민할 때 아이들도, 선생님들도 조금 더 즐겁게 학교에서 살아갈 수 있다고 믿습니다.

강릉의 청년과 청년 교사들이 학교 안팎을 넘나들며 지역에서 이주배경 청소년과 함께한 자음모음 프로젝트는 내 안에 다문화라는 말이 처음 들어오고 경험한 일련의 과정 위에 있습니다. 자음모음 프로젝트가 서로에게 다정한 이웃이 되는 따뜻한 손길이 되길 바랍니다. 그렇게 함께 강릉에서 더불어 살길 바랍니다.

우연히 아니,
운명처럼 만나다

 2024년 4월 18일 목요일 자음모음 다모임을 가지고 닷새가 지난 23일 화요일 저녁, 퇴근하고 시내를 서성였다. 아내와 저녁 식사를 하려고 식당 앞에서 기다리고 있었다. 날이 좋아 하늘을 올려다보는데, 익숙한 얼굴이 보였다. 안나다. 우리는 서로를 알아봤다. 닷새 전 자음모음 다모임에서 딱 한 번 봤지만, 눈웃음이 포인트인 우리는 서로를 바로 알아봤다. 나는 무쌍에 잘 보이지 않는 작은 눈웃음을 보냈다. 안나는 짙은 쌍커풀에 커다란 눈망울로 큰 눈웃음을 보냈다. 서로 다른 눈웃음이지만, 우연히 만난 반가움의 크기는 같았다. 엄청 반가웠다. 붙임성 좋은 안나가 내게 말을 걸었다.

 "선생님, 오늘 라밀이랑 예고르 만나요?"

 어제 안솔미 선생님이 미론과 알렉산드르를 만났다. 이번 주 금요일에 안나도 최수지 선생님을 만난다. 자음이들 사이에서 모음이를 만나는 이야기가 도나보다. 그만큼 우리의 만남을 기대하고 관심이 많다는 말이겠지.

"아~ 우리는 목요일에 만나기로 했었어. 그런데 가족 생일이 있어서 토요일로 바꿨어!"

나는 이 한마디 말을 하려고 얼마나 머리를 굴렸는지 모른다. 평소 생각보다 말이 앞선다는 말을 친구들에게 자주 듣는다. 오늘은 달랐다. 말이 앞서 나오기 전에 생각을 많이 했다. 가장 먼저 한 생각은 천천히 말하기, 다음은 쉬운 단어 사용하기, 그다음은 짧은 문장으로 말하기다. 안나는 내 말을 이해했는지 고개를 끄덕였다. 활짝 웃으며 다음에 보자고 인사를 했다.

식당이 문을 열기까지 시간이 남아 아내와 말글터 서점에서 만나기로 했다. 내가 먼저 말글터 서점에 도착해서 기다렸다. 그런데 웬걸, 말글터 서점에 안나가 있었다. 하루 두 번 만난 반가움도 잠시! 스베틀라나와 알료나도 있었다. 안나는 다른 친구와 함께 책을 구경했다. 스베틀라나와 알료나는 한 친구와 함께 무선 이어폰을 귀에 꽂고 학교 공부를 하고 있었다. 수학 교과서와 부등식이라고 써진 활동지가 보였다. 역사 교과서도 있었다. 여느 중학생과 크게 다르지 않은. 이제 곧 시험기간이라 시험 공부를 하는 중학생 모습이었다. 지난 자음모음 다모임에서 교과 공부를 도와줄 수 있냐고 물었던 아이들 모습이 떠올랐다. 한글 공부를 시켜주려고 모였던 우리는 예상에 없던 교과 공부를 함께 하자는 아이들 모습에 당황했던 순간도.

다모임에서 스베틀라나는 고개를 잘 들지 못했다. 처음 만난 사이니 수줍고 당황스러웠을지도 모른다. 오늘은 달랐다. 나에게 먼저 말을 걸었다.

"여기 왜 왔어요?"

말글터까지 온 이유를 설명하면 너무 복잡할 것 같아 간단히 말했다.

"그냥~ 나 여기 자주 와!"

스베틀라나는 고개를 끄덕였다. 스베틀라나 옆에서 알료나가 수줍게 웃으며 대화를 들었다. 무선 이어폰을 끼고 있으면서도 다 듣고 있나보다. 알료나도 첫 만남 때는 얼굴을 제대로 보기 힘들었다. 중2 표정(!)으로 고개를 숙이고 스마트폰만 보고 있었으니까.

스베틀라나는 나에게 계속 말을 걸었다.

"취미가 뭐예요? 하비(hobby)."

나는 우리 반 아이들에게 장난칠 때처럼 약 올리는 표정으로 말했다.

"취미? 맞혀봐~"

스베틀라나와 알료나가 웃었다. 스베틀라나는 맞혀보라는 말을 이해하지 못했다. 영어로 말해달라길래 '게스(guess)'라고 짧게 답했다. 스베틀라나는 당황한 표정을 지었다. 게스라는 내 말이 적절하지 않은 것 같기도, 공용어로서 나에게 영어를 요청했지만 영어 '게스'를 몰라서일지도, 어쩌면 영어가 공용어가 될 수 없는 상황이었을지도 모른다.

"노래?"

라고 묻길래 노래 좋아한다고, 무엇보다 요즘은 뉴진스를 좋아한다고 말했다. 스베틀라나와 알료나가 웃었다. 두 친구와 함께 있던 학생도 웃었다. 안나는 "슈퍼샤이, 슈퍼샤이~" 하며 가볍게

몸을 흔들었다. 스베틀라나와 알료나가 다른 아이돌 그룹도 좋아하냐고 물었다. 남자 그룹은 별로 관심이 없다고 말하니 또 웃었다.

우리가 서로 웃고 떠드니 안나와 함께 서점에 온 친구가 다가왔다. 이름은 다니일, 6살 때 한국에 와서 지금은 8년 차, 14살이란다. 나에게 어느 학교 선생님이냐고 묻길래 운산초등학교라 말했다. 나도 질문했다. 이름이 무엇이냐고 물었고 다니일이라고 답했다. 다니일은 뉴진스보다 블랙핑크가 더 좋다고 말했다. 뉴진스는 못생겼다고 말하길래 '우우' 소리를 내며 야유했다. 스베틀라나와 알료나 앞에 있던 친구가 자신의 스마트폰 케이스에 넣어둔 남자 아이돌 사진을 보여줬다. 누구인지 아냐고 묻길래 모른다고, 그런데 잘생긴 것 같다고 말했다. 나에게 사진을 보여준 친구 이름은 크세니야다.

다니일과 크세니야는 지난 자음모음 다모임 때 만나지 못한 세 친구 중 두 명이다. 함께 인사하지 못해 아쉬웠는데 이렇게 우연히, 아니 운명처럼 만나니 얼마나 기뻤는지 모른다. 두 친구에게 소피야를 아냐고 물으니 크세니야가 자기 동생이라고 말했다. 소피야도 다니일, 크세니야와 함께 지난 다모임에 오지 못했었다. 나는 모음이 카톡방에 다니일과 크세니야를 만났다고 말했다. 다모임에서 담당 자음이를 만나지 못해 아쉬워하던 김채원, 장수지 선생님이 격하게 반응했다.

크세니야는 강릉시 외국인근로자지원센터에서 자음모음 프로젝트에 함께 한다는 걸 들었단다. 다니일은 처음 듣는다고 말했다. 엄마한테 전화하더니, 엄마는 한마디 말도 안 해주고 결정했다며 투덜거렸다. 귀엽게(?) 시발이라고도 말했다. 나는 다니일을 달랬다.

"너무 스트레스받지 마, 재밌을 거야."
"무슨 공부 하는데요?"
"공부? 안 할 거야. 놀 거야~"
"러시아 친구가 없어요. 안나밖에 몰라요. 얘네들도 다 몰라요."
"같이 놀면서 친해지자~"

그제야 다니일의 표정이 풀어졌다. 이 상황을 모음이 카톡방에 전했다. 김채원 선생님은 '그런 애들은 제가 전공입니다. ^^ 기똥차게 놀아보자~ 나도 공부 싫어~' 한껏 들떠 메시지를 보냈다. '너무 기대되는 중… 소개팅 전날 기분…'이라는 메시지와 함께.

중도입국 청소년들 '자음이'와 강릉 교사와 청년들 '모음이'의 강릉살이 프로젝트 '자음모음'은 조금씩 첫발을 떼고 있다. 첫 만남이 어색했지. 우리는 오늘 우연한 만남을 마치 계획한 약속처럼 아니, 운명처럼 자연스레 채웠다. 앞으로 한글을 매개로 이루어질 자음이와 모음이의 만남은 어떤 모습일까. 분명 오늘처럼 어색하지만, 서로를 향한 설렘과 기대가 가득할 테다.

배라와 키오스크
그리고 14살 청소년

　우연히 길에서 자음이를 만난 순간, 또 우연히 자음이를 서점에서 만난 경험은 나에게 그들에게 필요한 공간은 어떤 공간일지, 앞으로 어떤 공간에서 만나면 좋을지 질문을 남겼다. "아이들이 주로 집-학교-센터만 다녀요." 지난 다모임에서 강릉시 외국인근로자지원센터 센터장님이 한 말은 질문에 고민을 더했다. 나와 올 한해 함께 만날 라밀과 예고르를 어디에서 만나면 좋을까? 몇 가지 기준을 세웠다.

1. 한글 공부만을 위한 공간은 아니어야 한다.
　아이들은 딱딱한 공간인 학교에서도, 학교 밖에서도 한글 공부를 하느라 지친 상태다. 자연스레 한글을 나눌 수 있으면서도 편안한 공간이어야 한다. 몸도 마음도 편안한 공간이면 좋겠다. 먹거리도 나눌 수 있는 공간이라면 금상첨화다.

2. 일상과 동떨어진 공간은 아니어야 한다.

집-학교-센터를 오가는 아이들의 도보 반경에서 멀어지면 안 된다. 도보로 이동해 아이들이 언제든 스스로 찾아갈 수 있는 공간이어야 한다. 그렇게 아이들이 생활 반경을 넓힐 수 있는 공간이어야 한다. 아이들을 집, 학교, 센터 밖으로 꺼내야 한다.

3. 한 공간을 고집할 필요는 없다.

아이들과 함께 할 활동에 따라서 공간은 언제든 바뀔 수 있다. 대화를 나누고 한글을 익히기 적합한 홈 베이스 공간이 있다면 특정 체험학습이나 활동을 위한 공간도 있어야 한다. 강릉 거리를 걸으며 이야기를 나눌 수도 있고, 대중교통을 이용해 조금 먼 곳으로 갈 수도 있어야 한다.

고민 끝에 나는 라밀, 예고르와의 첫 만남을 배스킨라빈스(이하 배라)에서 갖기로 했다. 정확하게 말하면 센터 앞에서 만나 배라까지 함께 걸었다. 우리의 첫 만남은 무더운 여름날, 달콤하고 시원한 아이스크림과 함께했다.

배라에서 에어컨 바람을 쐬며 아이스크림 먹을 생각에 좋아하던 라밀과 예고르. 배라에 들어서자마자 나는 그들에게 시련을 줬다. 키오스크로 먹고 싶은 아이스크림을 주문하라고 했다. 예고르는 두 손으로 얼굴을 감싸며 당황했다. 한국어가 서툰 라밀은 영문을 모르겠다는 표정을 지었다. 예고르가 라밀에게 러시아어로 설명하자 라밀도 똑같이 당황한 표정을 지었다.

  배라는 라밀과 예고르에게 참으로 어려운 공간이다. 키오스크를 이용해 메뉴를 주문해야 하는 시련을 통과해야 한다. 한글을 아는 사람도 키오스크 사용이 어려운데 한글이 어려운 라밀과 예고르에게는 난이도가 급격하게 상승한다. 러시아어를 사용하는 이들에게 영어와 중국어 번역 버튼은 무용지물이다. 어찌저찌 첫 번째 시련인 키오스크로 주문하더라도 더 어려운 두 번째 시련이 기다리고 있다. 당최 알 수 없는 이름을 가진 아이스크림들 때문이다. '엄마는 외계인', '아몬드 봉봉', '너는 참 달고나', '사랑에 빠진 딸기', '아빠는 딸바봉'처럼 읽더라도 이해할 수 없는 메뉴가 가득하다. 아이스크림 먹기가 이리 어렵던가. 나는 시련에 빠진 라밀과 예고르를 도와 아이스크림을 겨우 주문했다. 물론 내가 그들을 돕고자 하더라도 마음껏 도울 수는 없었다. 한국어를 사용하는 내가 한국어를 조금 아는 예고르에게 설명하면 예고르가 러시아어로 라밀에게 설명했다. 이 알고리즘에서의 도움은 도우려는 의지와 마음만큼 닿지 않았다.

"주문번호, 일반주문, 먹고 가기."

"엄마는 외계인, 사랑에 빠진 딸기, 아빠는 딸바봉."

나는 영수증을 꺼내 라밀과 예고르에게 읽어줬다. 예고르는 척척 따라 읽었다. 엄마는 외계인이 무슨 뜻이냐고, 딸바봉은 무슨 뜻이냐며 질문도 했다. 예고르는 한국에서 살아간 기간이 상대적으로 적은 라밀보다 능숙하게 한국어를 사용했다. 나는 예고르의 질문에 어떻게 답해야 할지 몰라 당황했다. 분명 알고는 있는데 알려 주기 어려울 때의 답답함이란. 한글을 아는 것과 한글을 가르치는 것은 커다란 차이가 있다. 안다고 가르칠 수는 없는 노릇이다. 배라에서의 시간은 1학년 담임을 맡았을 때보다 어려웠다. 1학년 아이들은 한국에서 살아간 경험과 문화 위에 한글을 이해한다. 대표적으로 '딸바보'는 문화 위에 이해할 수 있는 말이다. 한국 문화 위에 살아가며 눈치껏 알아들을 수 있는 1학년 아이들보다 라밀과 예고르에게 한글을 알려 주는 일이 적어도 일곱 배는 어려웠다. 이들에게는 언어 넘어 문화까지도 함께 알려줘야 하기 때문이다. 언어는 문자를 넘어 하나의 문화라는 말을 실감했다.

라밀, 예고르는 물론 나에게도 커다란 시련을 주었던 배라를 나왔다. 다음에는 또 어디에서 만날까 이야기를 나누며 센터로 가고 있는데 예고르가 앞을 가리키며 누군가가 있다고 말했다. 모자를 쓴 그녀, 자세히 보니 안나였다. 지난번처럼 우연히 어쩌면 또 운명처럼 안나를 만났다.

"안나, 어디 가?"
"저 PC방 가요."

안나는 주말을 맞은 여느 중학생 아이들처럼 PC방을 가고 있었다. 예고르는 안나가 PC방을 자주 간단다. 그래, 나도 중학생 때 PC방에서 죽을 치고 살았다.

지난날 서점에서 안나와 다른 자음이들을 만날 때, 오늘 PC방을 가는 안나를 마주칠 때 나는 적잖이 당황했다. 나도 모르게 중도입국 청소년인 자음이들을 '여느 중학생'들과 경계짓고 나누어 생각하는 스스로를 마주했기 때문이다. '자음이들과 여느 중학생들이 다르지 않구나'란 생각이 내 안에서 떠오를 때마다 내 안의 선량한 차별주의자를 마주한 기분이었다. '명심하자. 나와 안나는, 안나와 다른 중학생들은 모두 다르지 않다. 아니, 명심할 게 아니다. 그런 식으로 기억하거나 인지하려고 하지 말자. 그냥 존재로서 나와 우리 모두를 받아들이면 된다. 그건 아닌가? 의식적으로 인지하고 행동해야 하는 걸까?' 어렵다. 고민이다. 고민을 글로 써 다른 사람들과 나누려고 SNS에 로그인했다. 안나가 SNS 라이브 방송을 하고 있었다. 안나의 라이브 방송에 들어갔다. 안나는 말했던 것처럼 PC방에 있었다. PC방에서 게임 하는 모습을 라이브 방송으로 SNS에 올리고 있었다.

   나는 고민으로 답을 찾기보다 눈 앞에 보이는 모습 그대로를 받아들이기로 했다. 안나는 오늘을 사는 14살 청소년이다. 다른 어떤 수식어나 보조어가 필요 없는 강릉에서 살고 있는 14살 청소년 말이다. 자음이와의 만남은 내 안의 선량한 차별주의자들을 발견하는 시간일 테다. 의식하되 자연스럽게, 강릉을 살아가는 존재로서 자음모음 활동을 가져야지.

다정한 이웃들과
경계에서 함께 하기

'안녕하세요, 다문화에 관심 있는 직장인입니다. 혹시 관련 프로그램에 참여할 수 있을까요?'

자음모음 프로젝트 활동을 SNS에 올리자 여러 사람에게 연락을 받았다. 참으로 감사하게도 자음모음 프로젝트에 함께 참여하고 싶다는 내용들이었다. 그들 모두 자음이들이 강릉살이에 적응하는 데 도움을 주고 싶단다. 계속해서 늘어나는 외국인, 이주배경 청소년들을 위해 힘을 보태고 싶단다. 대학생 때부터 외국인들과 교류하며 여러 경험을 가진 분은 물론 해외여행을 하며 다문화 사회에 대한 지향이 생겨 커다란 포부를 가진 분, 무슨 일이든 좋으니 도움이 필요하면 언제든 연락을 달라는 분도 계셨다.

한 분은 현직 경찰이었다. 힘을 보태겠다는 경찰분의 마음은 감사했지만, 경찰이라고 하니 괜스레 경계심이 생겼다. 혹 이주배경을 가진 외국인들의 체류방식을 문제 제기하기 위해 스리슬쩍 활동에 참여하려는 것은 아닌가 하며 가자미눈을 하고 의심하기도 했다. 나는 이주배경을 가진 외국인들의 체류방식을 제대로 알지 못한다. 공교육에서 아이들을 만나는 만큼 '대한민국은 UN 아동 권리 협약 비준 국가로서 이주배경 청소년들의 교육받을 권리를 보장한다' 정도의 태도로 이주배경 청소년들을 만나기 때문이다. 나는 지레짐작으로 혼자 고민하기보다 센터장님과 고민을 나누기로 했다.

"선생님, 걱정하지 마세요. 함께 하신다니 감사할 따름이죠."

센터장님의 괜찮다는 답을 듣고 나서야 경찰분도 모음이로 함께 활동하기로 했다. 선한 영향력을 가진 개인의 진정성을 의심했다는 생각에 나 스스로에게 실망하기도 했지만, 자음모음 프로젝트가 우리 사회의 어느 경계에서 이루어지고 있음을 느꼈다.

자음모음 프로젝트는 한국인과 외국인이라는 단순한 이분법으로 설명할 수 없는, 복잡하고 한 번에 설명할 수 없는 경계 위에 있다. 경계에 서서 하는 일이란 골치 아프고 지끈거리는 고민이 뒤따르는 일들이다. 그럼에도 자음모음 프로젝트에 함께 하는 다정한 이웃들이 늘어남에 감사함 넘어 감동이 뒤따랐다. 우리가 함께 경계에 서서 경계를 허무는 일을 하고 있다는 자부심도 함께.

다정한 이웃, 두 분의 모음이가 새로 합류했다. 모음이 중에는 교사 자격증이 있는 현직 선생님들은 물론 교사가 아니지만 지역의 이주배경 청소년들을 위해 나선 청년들이 함께한다. 혹자는 교사 자격증이 없는 사람이 어떻게 아이들을 마주하냐고 물을 수도 있겠지만, 나는 지역의 청소년들을 위해 나선 이들 모두가 선생이라고 생각한다. 자격증은 오늘을 살아가는 존재들 앞에 중요한 부분이 아니다.

라밀과 예고르를 맡았던 나는 새로 합류한 두 사람에게 라밀과 예고르를 맡아달라고 부탁했다. 나보다 젊고 강력한 그들이 혈기왕성한 중딩 라밀, 예고르와 더 잘 어울릴 거란 확신을 했다. 나는 조금 뒤에서 자음이들과 모음이들을 도와줄 다정한 이웃들을 찾는 역할을 맡기로 했다. 모음이가 늘어나자 자음모음 프로젝트 활동 범위가 더 넓어졌다. 자음이와 모음이들이 즐거운 시간을 보낼 수 있도록 뒤에서 품을 낼 수 있는 여건이 되었다. 그렇게 자음모음 프로젝트는 자음이 11명, 모음이 9명. 스무 명이 1년 동안 경계에서 함께 살아 보기로 했다.

작가 소개

4년째 강릉에서 중학교 선생님으로 살고 있습니다. 집과 바다, 별을 좋아합니다.

그저 아이들과 노는 게 좋아 시작한 활동들이 많습니다. 그러다 보니 다양한 배경, 다양한 환경에서 살아온 사람들이 만나 함께 어울리는 따스함도 좋아하게 되었습니다.

첫 만남은
너무 어려워

"나 유퀴즈에 나가보고 싶어!"

막연한 꿈이었다. 선배 교사는 이러한 내 꿈에 "그럼 너도 같이 자음모음 프로젝트에 참여할래? 열심히 하다 보면 언젠가 유퀴즈 나갈 수도 있어!"라며 손을 내밀었다. 평소 정말 내가 하고 싶은 일인지, 일에 몰두할 시간은 충분한지 등에 대해 깊게 고민하지 않고 일단 누가 무언가를 하자고 하면 "그래!"라고 대답부터 하는 나는 이번에도 "좋아!"라고 응답했다. 학교 현장에는 점차 이주배경 학생들이 많아지고 있다. 이 프로젝트는 그중에서도 중도입국 청소년들을 대상으로 그들이 어려움을 겪는 공부나 한국 생활 적응에 도움을 주고자 시작되었다. 학교 밖에서 아이들을 만나는 것을 좋아하는 나로서는 그들이 이주배경 학생이든 뭐든 밖에서 아이들을 만난다는 것만으로 설렜다.

아무런 부담 없이 나와 짝꿍이 된 세 명의 아이를 만나러 간 첫날, 당황스러운 순간을 마주하게 되었다. 가장 먼저 도착해 이야기를 나눈 중학교 2학년 남학생 다니일은 한국말을 잘했다. 내가 학교에서 보는 보통의 중학교 2학년 남학생 같았다. 그리고 나서 인사를 하게 된 크세니야와 소피야는 자매였는데 언니인 크세니야는 중학교 1학년, 동생인 소피야는 초등학생으로 한국말을 전혀 하지 못했다. 큰일이었다. 짧은 영어로 몇 마디는 가능했지만 정말 몇 마디뿐이었다. 다니일의 통역이 아니었다면 핸드폰 번역기를 돌리느라 얼굴은 제대로 보지도 못했을 것이다. 알고 보니 크세니야와 소피야는 한국에 입국한 지 1년도 지나지 않은 상태였다.

말이 통하지 않는다는 것은 생각보다 더욱 답답한 일이었다. 해외여행 시 건물의 위치나 물건 가격, 간단한 회화를 하는 것과는 차원이 달랐다. 우리는 일상 대화를 해야만 했다. 학교생활은 어떤지, 나와 무엇을 하고 싶은지, 어려운 과목은 무엇이고 왜 어려운지. 그 어느 것 하나 쉽게 물어보고 쉽게 답을 들을 수 없었다. 어느샌가 한국말을 할 수 있는 다니일과만 이야기를 활발하게 나누고 있는 나 자신을 발견하게 됐다. 어떻게 해야 할지 감이 잡히지 않았다. 동시에 이 아이들은 얼마나 답답할지 신경이 쓰였다. 그나마 크세니야와 소피야는 자매라서 학교가 끝난 이후에는 서로가 서로에게 가장 큰 친구가 되어주겠지만 학교에서는 어떻게 지내고 있을지 걱정이었다. 나조차도 말이 통하는 다니일에게 먼저 말을 걸고, 장난을 치게 되는데 초등학교, 중학교 아이들이 이 아이들과 친해지려고 할까? 하지만 이러한 걱정조차 나는 아이들에게 전하지 못했다. 말이 통하지 않으니 물어볼 수가 있나.

  학교에서 일하면서 교사의 시선으로 '한국' 아이들을 바라보면 아이들의 생각이나 행동을 어느 정도는 읽을 수 있다. 내가 그 과정을 통해 성장한, 경험자이기 때문이다. 하지만 이주배경 학생들의 생활은 내가 경험한 적도, 진지하게 고민한 적도 없다. 그들이 생존하기 위해 겪어 나갈 어려움들을 나는 단 한 번도 상상해 본 적조차 없다. 교사가 되기 위해서는 임용 2차에서 수업 시연을 준비해야 한다. 이때, 이주배경 학생이 교실에 있다고 가정한 채로 그 학생에게 피드백을 제공하는 장면을 보여주면 높은 점수에 도움이 된다는 (헛)소문이 있었는데, 그때 '에밀리 질문이 있다고요? 아~ 이 단어를 모르겠어요? 그렇다면 우리 단어 도우미가 에밀리에게 단어의 뜻을 설명해 줄까요?'라는 멘트를 수없이 반복했던 기억이 난다.

  실제로 말이 전혀 통하지 않는 이주배경 학생들을 처음 마주한 이 순간, 그때 나의 발언이 얼마나 하찮고 경솔한 생각의 결과였는지 깨닫는다. 이 아이들과 함께 할 1년은 아이들에게 도움이 되는 시간일까, 나에게 배움이 되는 시간일까. 유퀴즈 출연이라는 가벼운 마음으로 참여한 이 프로젝트의 끝이 궁금해진다.

~~~
## 나 뭐 된다는
## 착각
~~~

"다니일, 빨리 통역해 줘!"

모든 말 하나하나에 통역을 부탁하던 첫 만남. 한 달 한 달이 지날 때마다 다니일의 통역이 필요한 일이 줄어들었다. 나중에는 영어도 사용할 필요가 없었다. 웬만한 의사소통이 한국어로 가능해졌다. 처음에는 이해하기 힘들 것이라는 생각에 천천히 내뱉던 질문들도 점차 제 속도를 찾아 다니일 없이도 불편함 없이 대화할 수 있는 수준에 이르렀다. 어릴수록 언어 습득 능력이 빠르다는 사실은 이미 알고 있었지만, 이 정도로 빠르게 크세니야와 소피야의 한국어 실력이 향상될 줄은 몰랐다. 일주일에 한 번 한국어 수업을 듣는다지만 그것만으로 이렇게까지 성장할 수는 없을 것이다. 나는 일본어, 독일어, 스페인어 모두 배우고 싶어서 기웃거렸지만 거의 소득이 없었는데 이 아이들은 어쩌다 이렇게 빨리 한국어로 말하고 듣는 것이 가능해졌을까.

    크세니야와 소피야를 처음 만났을 때 나는 두 가지 목표를 세웠었다. 첫째는 한국어로 말하고 듣는 능력 길러 주기, 둘째는 한국에 적응할 수 있도록 도와주기. 한국어로 의사소통하는 것이 원활하지 않으므로 학교에서 친구들과 거의 대화할 수 없을 것이고, 그래서 학교생활이 답답하고 힘들 것이라고 막연히 생각했기 때문이다. 하지만 아이들은 스스로 해나가고 있었다.

    이 아이들은 온종일 한국어가 모국어인 사람들 틈에 속해 있다. 학교에서 이들을 배려해 러시아어로 수업을 해줄 수는 없다. 친구들이 이 아이들과 친해지고자 러시아어로 말을 걸 리도 없다. 하지만 어떻게든 서로가 서로에게 말을 걸고, 이야기를 나누고자 노력했을 것이다. 그리고 이 아이들은 K-POP을 좋아한다. 한국어로 듣고 말하는 능력이 길러질 수밖에 없는 환경 속에 살아가고 있던 것이다. 읽고 쓰는 능력이라면 학습이 필요할지도 모르지만 듣고 말하는 능력은 의도적인 '가르침' 없이 자연스레 길러지고 있었다. 이러한 생활 속에서 아이들은 또래 친구들과도 잘 지내고 있었다. 친구들과 함께 어울려 놀며 언어 능력이 향상되었을 뿐만 아니라 자연스레 한국에 적응하고 있었다. 1~2주에 한 번씩 만날 때마다 아이들은 친구들과 한 새로운 경험을 재잘재잘 말해주었고 나는 그

때마다 내가 세운 목표가 의미 없는 목표였으며, 아이들에게 내가 해주어야 할 일은 아무것도 없다는 것을 깨달았다. 그저 이 아이들의 말을 들어주고 웃어주고 추억을 만들어줄 뿐.

만일 내가 계속해서 이 프로젝트를 해나가야 한다면 이제부터 나의 목표는 '만남 주선하기'가 될 것이다. 1년 동안 나는 내가 어떤 중요한 역할을 하고 있다고 생각했다. 자음이들에게 어떠한 배움이나 도움, 의미를 제공해야만 한다는 책임감에 사로잡혀 정신적 에너지 소모가 컸고 이들을 만났을 때는 뭐 하나라도 더 알려줘야 한다는 생각에 체력 소모도 굉장했다. 하지만 내가 들이는 품에 비해 소득은 적어 힘이 빠지는 날도 많았다. 정답은 또래 관계 형성에 있었는데 나 혼자 무언가를 해 보겠다고 발버둥 치고 있었다. 물가에 내놓은 어린애를 보는 엄마처럼 자음이에게 달라붙어 전전긍긍할 필요는 없었다. 모음이는 그저 물가에서 자음이와 함께 놀, 다양한 배경을 가진 친구들을 섭외하기만 하면 충분하다. 그저 그들이 잘 놀고 있는지, 다쳤는데 치료를 못받고 있지는 않은지, 주위를 살피지 않다가 깊은 물에 빠져서 허우적대고 있지는 않은지 들여다보기만 하면 된다. 두려움 없이 물가에서 뛰놀 수 있도록 안전한 울타리가 되는 것이 모음이인 나의 역할일 것이다. 매년 하는 다짐이지만 또다시 읊어 본다.

내가 뭐라도 된다는 생각으로 자신을 옥죄이지 말자. 그 자만은 결국 나만 힘들게 할 뿐.

1년의 기록
아니, 후회

어영부영 1년을 마무리 짓고 이 글을 쓰며 지난 만남을 되돌아보니 유독 힘들었던 자음이 하나가 떠오른다. 다른 자음이들에 비해 한국에 온 지 오랜 시간이 지나서 이미 한국 문화에 익숙해져 있는 아이였다.

"공부하는 날 말고 노는 날만 저 오면 안 돼요?", "젤 비싼 거 먹을게요. 어차피 제 돈 아니니까." 자신이 이주배경 학생이라는 점을 이용해 나쁜 행동인 줄 알면서도 내뱉는 욕이나 "저 학교에서 선생님한테 가끔 그냥 반말해요. 존댓말 모른다고 하면 돼요"라고 나에게 말했던 것을 기억하지 못했는지 그대로 나에게 같은 수법을 써서 반말을 쓰던 일, 중간중간 나오는 예의 없는 행동들. 그로 인해 상한 감정들이 누적되어 모든 의욕이 꺾여나간 순간들이 떠오른다.

학교에서 중학교 학생들을 마주하는 나는 사실 그 자음이의 행동이 크게 당황스럽지는 않았다. 하지만 학교에서와 달리 어떻게 대처해야 할지 고민하게 되었다. 고민이 깊어지고 화가 쌓일수록 '이주배경 학생이라는 이유로 한국 학생들도 제대로 누리지 못하는 것들까지 경험하고 있는 것 같은데 왜 이런 태도를 보이지? 이게 맞나?'라는 멍청한 생각까지 하게 됐다. 내 속에 얼마나 많은 편견과 차별이 자리 잡고 있었는지 깨달은 순간이었다. '이 아이들은 한국에서 태어난, 내가 평소에 마주하는 아이들과는 달라. 더 힘들고, 더 적응하지 못할 거야'라는 생각을 무의식 속에 하고 있던 것이 분명하다. 학교에서 마주하는 학생이 이런 태도를 보였다면 진작에 화를 내고 무엇이 잘못되었는지 말해줬을 것이다. 하지만 유독 이 아이에게는 화를 내지 못하고 그 어떠한 조언도 하지 못했었다. 이 아이가 한국에서 어렵게 생활하고 있을 것이며, 적응하기도 힘들 텐데 내가 화를 내면 안 된다고 생각했던 것 같다.

이는 관계 형성에도 악영향을 미쳤다. 자음이에게 화를 내야 할 때 화를 내고, 바른 행동과 마음가짐을 알려줬다면 그날의 문제는 그날 끝났을 텐데, 그날의 문제를 해결하지 못하고 쌓아가기만 하니 일정 선 이상으로 아이와 친해질 수가 없었다. 마음속에 벽을 세우게 된 것이다. 1년 동안 문제는 아이에게 있다고 생각했는데 사실 문제는 나에게 있었다. 나는 단 한 번도 "요즘 고민이 뭐야? 너는 어떻게 지내고 있어?"라고 아이에게 물은 적이 없다. 당연히 나의 이야기도 해 준 적이 없다. 아이는 매번 나에게 질문을 쏟아부었다. 그리고 늘 마음을 열고 있었다. "선생님 누구누구 선생님 알아요?", "저 학교에 싫어하는 친구 있어요.", "저 친구들이랑 밴드 만들었어요.", "선생님 이거 할 줄 알아요? 같이 하러 가면 안 돼요?", "우리 다음엔 또 언제 만나요?"라는 이야기들에 나는 집중하지 않았고 그날 정해진 활동을 한두 시간 즐긴 채로 헤어질 뿐. 가까워지려는 노력은 내가 하지 않았다.

나는 내가 왜 이주배경 학생과 함께 시간을 보내고자 하는지, 이 아이들에게 어떠한 경험을 제공하고 싶은지 전혀 고민하지 않았고, 이 아이들이 실제로 학교에서 어떠한 생활을 하고 있는지 묻지 않은 채, 나 혼자 판단하고 행동했다. 교사가 되고, 아이들과 함께하는 교실과 학교와 마을을 그리던 나의 그림 속에 이주배경 학생들은 존재했었나. 내 그림 속에는 그들이 없었다. 있었다고 해도 '이주배경 학생들은 이럴 거야'라는 섣부른 선입견으로 잘못된 그림을 그리고 있었겠지. 올해 나의 활동에 스스로 점수를 매기라고 한다면 나는 100점 만점에 20점짜리 모음이었다. '내가 한다고 했으니 책임은 져야지'라는 의무감으로 1년을 버틴 사람.

좋은 사람이 되기 위해서는 그만큼의 치열한 고민이 필요하다.

나는 어떤 선생님이, 어떤 어른이, 어떤 사람이 되고 싶은가. 내가 살아가는 세상은 어떤 세상이길 원하는가. 2024년 내가 마주한 자음이가 나에게 남긴 고민은 생각보다 크고 심오하다. 나의 부족함에 상처받은 일이 없길 간절히 바란다.

작가 소개

나는 지난 2024년, 자음모음 프로젝트를 통해 처음 중도입국자의 자녀들을 마주하는 새로운 경험을 했다. 나는 중등학교 국어 교사지만 아이러니하게도 아이들에게 한국어 교육을 해 본 적이 없다. '국어(國語)'는 말 그대로 모국어 화자를 대상으로 하며, 중등 교사인 나는 가장 어려도 14살인 아이들을 대상으로 가르쳐 본 것이 전부였다. 그래서 한국어를 처음 접하는 아이들에게 무엇을, 어떻게 가르쳐야 할지에 대한 고민이 많았던 것 같다.

그러다 해당 프로젝트로 모인 시민들-그 안에는 교사, 직장인, 사회 활동가, 경찰, 대학원생 등이 있다-과 자유롭게 이야기를 나누며 힌트를 얻었다. 중도입국한 아이들에게 정말로 필요한 것은 어쩌면 단순히 언어가 아닐 수 있다는 것이다. 현재 살아가는 터전인 '강릉'에 대해 알려주고, '강릉'에 아는 이웃이 생기고, 학교-집-센터로 반복되던 '강릉'에서의 생활 반경을 넓혀주는 것이 훨씬 더 의미있다는 사실을 깨달았다. 덕분에 처음 했던 걱정과 고민을 조금은 뒤로한 채 시작할 수 있었다. 함께 한 동료들이 있어 과정에서의 어려움을 같이 고민할 수 있었고, 프로젝트를 진행하며 얻은 긍정적인 에너지를 서로 나눌 수 있었다.

아래는 프로젝트를 진행하며 내가 겪은 몇 가지 겪은 에피소드를 중심으로 키르기스스탄에서 온 초등학교 5학년 알렉산드르와 중학교 1학년 미론 형제 이야기를 전하고자 한다.

서점에 웬 오리가?

오늘은 지역 서점 중 하나인 고래책방에서 아이들을 만나기로 한 날이다. '고래책방'은 아이들을 처음 만난 강릉시 외국인근로자지원센터에서 도보로 5분 거리에 위치해 있다. 처음 아이들을 만날 때는 센터 앞에서 모였다. 집에서 센터까지의 경로는 알지만 그 주변의 지리를 전혀 모르는 아이들을 위한 배려였다. 센터 앞에서 만나 함께 걸어서 이동하는 연습을 두어 번 하고, 오늘 처음으로 고래책방 앞에서 만나기로 한 날이다. 아이들이 잘 도착했을까 걱정하던 무렵 인스타그램 디엠이 울렸다.

- '선생님 오리 왔어요.'

알렉산드르가 보낸 메시지였다. 초등학교 5학년인 알렉산드르는 중학교 1학년인 형 미론에 비해서는 한국어가 능숙하다. 내가 두 형제를 맡게 된 이유도 미론이 한국어로 인사 정도밖에 할 수 없는 것에 반해 알렉산드르는 통역이 가능할 정도의 언어 구사력을 갖고 있었기 때문이다. 그런데 서점에 웬 오리가 왔다는 거지? 내가 아이의 말을 잘 이해한 것이 맞는지 확인하기 위해 동물 '오리' 이모티콘을 찾아 보냈다.

 - '오리가 왔다고?'

아이들은 메시지를 읽었지만, 답이 없었다. 서둘러 차를 몰아 고래책방에 도착했다. 아이들은 통유리로 된 창문에서 나를 보며 세차게 손을 흔들었다. 아이들이 직접 고른, 책방의 시그니처메뉴인 '고래 에이드'를 주문하곤 자리에 앉았다.

'알렉산드르, 선생님한테 뭐라고 보낸거야?'라고 물으니 알렉산드르는 '우리 왔어요'라고 말했다. 그때 처음 나는 아이들이 가장 어려워하는 모음자가 'ㅗ'와 'ㅜ'라는 것을 알게 되었다. 이후에도 종종 그런 실수가 있었기 때문이다.

자음과 모음을 써봤을 때, 나 역시 자음은 별다른 주저함 없이 써내지만 모음은 개수가 많아 조금 생각하며 쓰게 되는데 그건 아이들도 마찬가지였다. 그래서 프로젝트를 진행하며 모음자 쓰기 연습을 10번도 넘게 반복했던 것 같다. 그런데 그중에서도 유난히 'ㅗ'와 'ㅜ' 발음을 헷갈려 했다.

   내 이름을 분명 '안솔미'라고 설명했는데 아이들은 꼭 '안술미 선생님'이라고 쓰곤 했다. 우습게도 나의 친한 친구들은 네 대학 시절 별명을, 어떻게 아이들이 알고 있는 것이냐며 깔깔대고 놀렸다. 독자 중에서도 이름자에 '솔'이 들어가는 사람은 이것이 '술'로 바뀌는 경험을 한 번쯤은 해보지 않았을까? - 나중에 알게 된 사실인데 나의 동생인 '솔지'도 대학 때 별명이 술지였다고 들었다. - 'ㅗ'와 'ㅜ'를 잘못 사용했을 때 의미가 완전히 달라지기에 두 모음자의 발음을 교정하기 위해 노력했다. 4월에서 12월까지 프로젝트가 진행되는 동안 아이들은 여전히 종종 'ㅗ'와 'ㅜ'를 틀릴 때도 있지만 잘못 썼다가 내 표정을 살피며 고치곤 한다. 이제는 스스로 자신이 그 발음을 자주 혼동한다는 걸 잘 알고 있다. 문득 그렇지, 배움이란 내가 아는 것과 모르는 것을 구분하는 것, 그것에서 출발하는 것이 아닌가 하는 생각이 들었다.

귤 한 쪽도
나눠 먹는 사이

 나는 아이들을 일주일에 한 번씩 만났다. 별일이 없으면 매주 월요일 다섯 시에 만났다. 4시 40분이 퇴근인 터라 월요일만 되면 늘 칼퇴를 하였다. 어디서 만날지 고민하다 활자로 가득한 서점을 장소로 정했다. 처음에는 센터에서 가까운 고래책방에서, 하반기에는 '당신의 강릉'이라는 조금 더 거리가 먼 서점에서 만났다. 그런 덕분인지 이제 아이들은 그 두 곳만은 눈을 감고도 찾아올 만큼 익숙해졌다. 서점에 도착하면 나를 기다리며 새로 입고된 책의 제목을 살피고, 가끔은 내가 낸 퀴즈를 맞추기 위해 책 안을 들춰보는 기지를 발휘하곤 했다. 여기에서 말하는 퀴즈란 매번 수업을 마친 후 5분 정도 시간을 주고, 특정 자음으로 시작하는 단어를 10개 이상 빨리 쓰기이다. 가령 'ㄱ'으로 시작하는 단어 10가지라 한다면 아이들은 자기가 아는 단어, 창문 밖 간판이나 지나가는 차량에 써진 문구, 또 서점에 있는 책을 활용해서 'ㄱ'으로 시작하는 단어들을 모조리 찾기 시작한다. '가방, 가세요, 구인광고…'와 같이 본인이 아는 단어부터 시작해서 전혀 모르는 단어라 하더라도 찾기만 하면 정답이다. 끝나고 나면 모르는 단어는 무슨 뜻인지 설명해 주곤 했다. 간단한 게임인데도 아이들은 늘 처음하는 것 마냥 즐거워했다. 그러나 승리의 몫은 늘 알렉산드르였다. 퀴즈에서 이기면 작은 간식을 주곤 했는데 어느 날은 수중에 귤이 있어 그걸 간식으로 주었다. 시기상 조생귤이라 알렉산드르 주먹만 한 작은 크기였던 걸로 기억한다. 그날도 어김없이 형을 이기고 난, 뿌듯한 표정의 알렉산드르가 그 작은 귤을 조심스레 까더니 반을 쪼개 이렇게 말했다. "선생님 드세요."

그 말을 들은 나는 두 번 놀랐다. 이렇게 작은 귤도 나눠 주려는 마음이라니, '콩 한 쪽도 나눠 먹는다'라는 우리말 속담이 절로 떠오르는 순간이었다. 이어서 드는 생각은 이 아이가 어느새 '먹다'와 '드시다'를 구분할 수 있게 되었구나 하는 것이었다. 처음에는 '선생님은 괜찮아~ 알렉산드르 다 먹어요'라고 거절했지만 그건 절대 용납할 수 없다는 알렉산드르의 단호한 표정을 보곤 그 자그마한 귤을 입에 쏙 넣고 말았다. 그해 겨울, 내가 맛본 가장 달콤한 귤이었다.

'한국이 좋아? 키르기스스탄이 좋아?' 라는 질문 대신

나는 사실 알렉산드르, 미론과 함께 하기 전까지 키르기스스탄에 대해 아는 것이 전무했다. 국가명도 생소했고, 어디에 자리 잡고 있는지는 더욱이 알지 못했다. 그래서 키르기스어 역시 어렵게 느껴졌다. 내가 느끼는 거리감만큼 아마 아이들도 한국어가 어려웠을 것이다.

형인 미론이 한국어를 거의 못하는 상황이었기에 새로운 단어를 배우면 그 의미를 이해시키고자 그림이나 사진을 활용해서 보여주기도 했고, 구글 번역기를 돌리거나 알렉산드르의 도움으로 키르기스어로 바꾸어 보며 단어를 익혔다.

아이들을 통해 가장 먼저 알게 된 것은 종교와 음식문화이다. 키르기스스탄은 국민의 80% 이상이 이슬람교를 믿는다고 한다. 이슬람교인들은 돼지고기를 먹지 않는다. 아이들과 처음 만났을 때

나는 한국인의 특성상 '밥을 먹었냐'는 말과 함께 안부 인사를 대신 했는데 아이들은 시간상 저녁을 먹기 애매한 시간인데도 늘 먹었다고 대답했다. 그래서 무얼 먹었냐고 물어보면 '카샤'를 먹었다고 대답했는데, 이때 '카샤'는 우리말로 죽이라고 한다. 그런데 조금 더 자세히 물어보면 '카샤'는 아침에 먹었다고 했다. 처음에는 아이들이 나의 말을 잘 이해하지 못해서 생긴 오해인가 싶어 넘겼다. 지금 돌이켜보니 언젠가 한 번은 아이들이 밥을 먹지 않았다고 대답했을 때 내가 밥 먹으러 가자는 말을 한 적이 있는데 아마 육수나 조미료에까지 돼지고기가 들어가는 한국에서 외식하는 것이 조심스러워 둘러댔던 것이 아닌가 싶다. 어느 정도 가까워지고 나서는 밥을 먹었냐는 나의 물음에 아이들은 솔직히 답을 한다. 저녁을 먹지 않았다는 날이면 함께 근처 치킨집을 가기도 하고, 돼지고기를 빼달라고 요청한 포테이토 피자를 먹으러 가기도 했다.

지금도 아이들은 '여기 돼지고기 없지요?'라고 묻고 내가 없다고 말하면 안심하고 먹는다. 어떤 날은 함께 영화관을 갔다가 순간 방심하고 배고플 아이들에게 '핫도그를 사 먹을까?'라고 무심코 물었다. 미론이 '그거 돼지고기 안 들어가요?'라고 되묻고 나서야 닭강정으로 급히 메뉴를 바꾸었던 기억이 난다.

다음으로 기억에 남는 건 무더운 여름날 함께 갔던 바다와 빙수 가게이다. 그날도 어김없이 서점에서 만났고, 많은 책 중 '바다'와

관련된 그림책을 읽었다. 그리고 아이들에게 키르기스스탄에도 바다가 있느냐고 물었다. 아이들은 바다가 없다고 답했다. 실제로 인터넷으로 찾아보니 키르기스스탄은 내륙에 위치하여 바다가 인접해 있지는 않지만, 바다 대신 큰 강이 있다고 나왔다. 그래서 나는 다음 수업 장소로 '안목 바다'를 골랐다. 아이들한테 물어보니 이전에 가족들과 '경포'와 '주문진 바다'에 다녀왔다고 했다. 새로운 바다인 '안목'을 소개하고, 물에 발도 담구고, 유명한 커피 거리에 데려갔다. 카페에서 음료 주문을 할 때는 일부러 아이들에게 시켰다. 주로 카페에서 아이들은 초코 라떼나 레몬에이드, 아이스티와 같은 아이스 음료를 주문한다. 그리고 음료를 다 마신 후에는 얼음까지 아그작 아그작 씹어 먹는다. 시원한 걸 좋아하는 것 같아 다음에는 빙수를 먹으러 가자고 했다. 아이들은 빙수가 무엇인지 모른다고 답했다. 그리고 빙수 가게에 간 날 처음 보는 빙수를 아주 맛있게 먹었다. 사장님은 그런 아이들이 귀여웠는지 딸기 소르베를 서비스로 주셨다. 맛있게 먹고 나서 '키르기스스탄에는 빙수가 왜 없을까?'라고 물어보니 알렉산드르는 키르기스스탄은 아무리 더워도 시원한 물 대신 따뜻한 차를 마신다고 했다. 그날이 유난히 더웠던 터라 상상만 해도 땀이 주르륵 흐르는 것 같았다. 아이들이 아이스 음료를 즐기던 이유를 알 것 같았다. 음료를 마신 후에 얼음을 늘 씹어 먹었던 이유도.

아이들과 함께하며 나 역시 키르기스스탄의 문화에 대해 많은 것을 알게 되었다. 그럴 때면 스스로 경계했던 질문이 있다. '한국이 더 좋아? 키르기스스탄이 더 좋아?'와 같이 가둬놓는 질문이 아닌 '한국이 더워? 키르기스스탄이 더워?'와 같이 단순히 서로의 차이를 확인하는 질문을 했다. 돌이켜보니 그 과정 속에서 우리는 우열을 가리지 않고 자연스레 서로를 받아들였고, 좀 더 가까워질 수 있었던 게 아닌가 싶다.

작가 소개

강릉에서 학창 시절을 보내고, 강릉에서 아이들과 함께 시간을 보낸 중학교 국어교사.

하고 싶은 것도 많고 꿈도 많지만 우당탕탕 시행착오를 겪고 있습니다!

외국인 노동자들이 강릉에 잘 적응하길 바라며 그들의 삶에 한 발짝씩 다가가려 한 친구들이 있었습니다. 저도 그 친구들을 따라 중앙아시아 식당에 방문하고, 메도빅(러시아 꿀케이크)을 파는 카페에 방문하였습니다. 친구들을 통해 외국인 노동자들의 삶을 조금이나마 알게 되었습니다. 친구들은 매주 외국인 노동자들의 삶의 터전 가까이에 다가가, 그들의 의료 환경을 개선하는 데 도움을 줄 수 있는 방법을 고민합니다. 그 곁에서 내가 할 수 있는 일들을 고민합니다.

중도입국 청소년. 일을 위해 한국에 오게 된 가족들을 따라 갑자기 한국에 오게 된 아이들이 우리 사회에 '우리'라는 이름으로 잘 적응하길 바랐습니다. 그 아이들에게 한글과 한국어, 그리고 한국을 알려줄 수 있지 않을까 생각했습니다. 그렇게 자음모음 프로젝트를 기획하고 진행해 왔습니다.

그런데 지난 1년을 돌아보니 제가 더 많은 걸 받았네요. 늘 무언갈 주고 싶어 하지만 받는 게 더 많은 부족한 사람입니다. 아이들과 함께 성장해 갑니다.

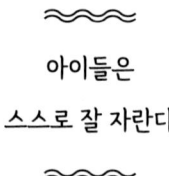

아이들은
스스로 잘 자란다

  부모님을 따라 한국에 온 아이들. 그 아이들이 한국에, 또 우리 강릉에 잘 적응할 수 있도록 한글과 한국어를 배우는 데 도움을 주겠다는 마음으로, 의욕을 한가득 가지고 자음모음 프로젝트를 시작했다. 그런데 예상치 못한 변수가 생겼다. 바로, 자음이(멘티)인 안나가 한국어를 너무 잘한다는 사실이었다. 이건 생각도 못 했는데. 어쩌면 중학교 국어 교사인 나보다도 학교에 더 잘 적응하고 있을 수도 있겠다는 생각이 들 정도로 안나는 한국어도 잘하고 학교생활도 잘하고 있는 듯했다. 어… 그럼 나는 뭘 해야 하지?

  안나는 한국어를 배운 지 1년 정도 되었다고 했는데, 그 기간이 믿기지 않을 정도로 한국어를 잘한다. 물론 안나의 한국어 실력이 모국어 화자만큼 유창한 것도 아니고 맞춤법을 완벽하게 익히고 있는 건 아니었다. 이런 부분에서도 내가 도움을 줄 수 있겠다는 생각이 스쳤지만, 영어를 배우던 학창 시절 나의 모습이 순간 머릿속을 스쳐 지나갔다.

처음에는 분명 새로운 언어를 배운다는 게 재미있었던 것도 같다. 5살, "Sure, I can!"이 1시간짜리 영어 연극 속 나의 유일한 대사였지만 무대를 완성했다는 뿌듯함에 즐거웠던 때가 있었다. 담임 선생님이 외국어 고등학교 진학을 권했던 때도 있었다. 영어가 나의 자신감을 갉아먹는 존재로 변해 버린 건 언제부터였을까.

생각의 방향을 바꾸어야겠다. 자음모음 프로젝트를 하며 한국어 문법이나 형식적인 부분에 너무 집착하지 않아야겠다. 그럼 안나에게 어떤 도움을 줄 수 있을까? 나는 뭘 해야 하지? 여전히 그 답을 찾지 못했다.

안나는 방학이 싫다고 말했다. 지루하고 심심해 빨리 개학이 찾아왔으면 좋겠다고 했다. 나는 조금 의아했다. 학교에서 만난 아이들 역시 개학을 기다리지만, 방학을 더 좋아한다. 모두가 방학을 좋아하는데, 심지어 직장인들도 학창 시절 맛보았던 달콤한 방학을 그리워하며 방학을 달라고 하는데, 왜 안나는 그렇지 않을까?

대부분의 아이는 오랜 시간 강릉에 살면서 유치원 친구, 초등학교 친구, 중학교 친구뿐만 아니라 엄마 친구 아들, 아빠 친구 딸, 동네 이모, 단골 가게 사장님, 무수히 많은 사람과 관계를 맺고 소통한다. 그렇지만 키르기스스탄에서 러시아로, 러시아에서 한국으로 와 강릉살이를 한 지 이제 겨우 1년 반 된 안나에게는 강릉시 외국인근로자지원센터에서 만난 몇 명의 친구들과 학교 친구들이 전부다. 아! 내가 할 수 있는 일이, 내가 해야 할 일이 무엇인지 조금 알 것 같다. 안나의 세상을 넓혀주어야겠다. 그래서 나는 안나가 강릉의 또래 친구들과 함께 활동할 수 있는 기회를 만들어주기로 했다. 학교 안에만 머물러 있던 안나를 학교 밖으로.

학교 밖으로?

날다학교!

나는 날다학교 맛집탐방팀 길잡이 교사로 활동하고 있다. 날다학교를 간단하게 소개하자면 강릉에 있는 청소년 친구들이 학교에서 배울 수 없는 것들을 경험할 수 있도록 지원하는 학교 밖 학교라고 할 수 있겠다. 날다학교에는 다양한 프로젝트팀이 있는데 맛집탐방팀은 프랜차이즈 가게가 아닌, 강릉 곳곳에 숨어있는 보석 같은 맛집을 찾아다니는, 그런 활동을 하는 팀이다.

나는 안나와 날다학교 맛집탐방팀 친구들을 연결해 주면 좋겠다는 생각이 들었다. 어른인 나 한 명과 소통하는 것보다 또래 친구 여러 명과 소통하는 게 여러 방면에서 더 도움이 되지 않을까?

마침 안나도 맛집탐방에 관심을 보였고, 맛집탐방팀 아이들도 안나와 함께하고 싶다고 하였다. 이제 만나기만 하면 되는데 아이들은 어른들보다 더 바쁘다. 우리 언제 만날 수 있는 거니?

우리는 겨우겨우 일정을 잡을 수 있게 되었다. 그날은 날다학교 체육대회가 열리는 날이었다. 날다학교 소속 선생님들이 개인 일정으로 여유가 없어 체육대회를 진행하기 어렵다고 조심스러워했지만, 날다학교 학생자치회 아이들이 "허락만 해 주신다면 저희끼리 준비해서 진행해 보고 싶습니다"라고 말하여 추진된 행사라고 한다. 처음부터 끝까지 아이들의 손길이 녹아든 행사, 그 체육대회를 마치고 뒤풀이를 겸하여 맛집탐방 프로젝트를 진행하기로 했다. 그리고 그날을 안나와 맛집탐방팀의 첫 만남의 날로 정하였다. 학교 대표로 스포츠클럽 대회에 나갈 정도로 스포츠 경기에 진심인 안나를 초대하기에 이보다 더 좋은 타이밍은 없다고 생각했다. 그렇게 안나를 비롯한 자음모음 프로젝트의 아이들과 날다학교 아이들이 만나게 되었다.

막상 아이들이 모이니 나는 어떻게 해야 할지 부담이 되었다. 날다학교에는 여러 프로젝트팀이 있고, 아이들은 적어도 반년 이상 함께 시간을 보내온 사이였다. 우리 자음모음 프로젝트 아이들이 그 속에 잘 녹아들 수 있을지 걱정이었다. 그 시작이 너무 어려웠다. 그런데 그때, 날다학교 아이 중 한 명이 먼저 다가왔다.

"이름이 뭐에요?"

그 한마디가 시작점이었다. 그 순간부터 체육대회가 끝날 때까지, 아니 뒤풀이가 끝날 때까지 아이들의 웃음소리와 대화는 끊이지 않았다. 서로의 말을 완벽하게 이해하지 못해도 말이다. 배구공을 주고받고, 짧은 러시아어를 배워 서로 놀리기도 하고, 가까워 보이는 친구들을 썸(?)으로 몰아가기도 하며, 여느 중학생들과 마찬가지로 꺄르르 웃으며 어울렸다.

순간, 나는 스스로를 조금 돌아보게 되었다. 학교에서도, 날다학교에서도, 그리고 자음모음 프로젝트에서도 내가 늘 무언가를 해야 한다는 책임감과 부담감에 빠짝 힘을 주고 지내진 않았나. '아이들이 친해질 수 있도록 내가 무언갈 해야 한다', '소외감을 느끼는 친구가 있으면 내가 무언가를 해야 한다'는 생각에 말이다. 이토록 힘주고 지냈던 건 내가 오만해서, 또 아이들을 믿지 못하고 있었기 때문일지도 모르겠다. 해사하게 웃는 아이들을 보며 부끄러움이 몰려왔다. 아이들은 어른들이 생각하는 것보다 더 마음이 넓고, 더 성숙하고, 더 힘이 있는 존재들이다. 이날 나는 아이들이 가진 힘을 보았다. 어쩌면 더 넓은 미래 사회로 가는 열쇠는 아이들의 마음속에 다 녹아있을지도 모르겠다.

 아이들은 스스로 잘 자란다. 그 사실을 믿고, 나는 이제 한 걸음 뒤에 서서 아이들을 바라보기로 했다.

아이들이 서 있는 곳, 그곳은 어디쯤일까

1학기 2회 고사를 앞두었던 때였던가. 시험 대비 공부를 도와주겠다고 안나에게 공부할 책을 가지고 오라고 한 적이 있었다. 안나는 교과서 몇 권을 챙겨 왔다. "선생님이 어떤 걸 도와주면 좋을까? 어떤 게 제일 어려워?"라는 물음에 안나는 수학 교과서를 꺼내 책상 위에 올려두었다. 사실 나는 고등학교 1학년 때까지 수학 교사를 꿈꾸었을 만큼 수학을 좋아하고, 학교에서도 쉬는 시간마다 학생들과 수학 문제를 풀며 놀 정도의 실력은 된다. 수학? 자신 있지.

단원은 좌표 평면과 그래프. 좌표 표현, 제1 사분면, 제2 사분면, 제3 사분면, 제4 사분면, 우상향 그래프, 우하향 그래프… 이 정도는 충분히 할 만하다. 개념에 대해 간단하게 설명하고 기본 문제부터 차근차근 풀어나갔다. 시작은 어렵지 않았다. 그런데 얼마 지나지 않아 그토록 맑던 안나의 얼굴이 어두워졌다. 그리고 그보다 더 나의 얼굴이 어두워졌던 것 같다. 문제는 우하향 그래프에서 발생했다.

"y=-2x 그래프를 그려보자. x에 1을 넣으면 y 값은 뭐가 되지?"

"-2?"

"맞아, 그럼 (1, -2)에 점을 찍어볼까? 그럼 x에 2를 넣으면?"

"-4."

"(2, -4)에 점을 찍고. x에 3을 넣으면 y 값은?"

"-6. 맞아요?"

"응! 잘하네, 안나. 그럼 이번에는 x에 -1을 넣어 보자. 그럼 y 값은 뭐가 되지?"

"…마이너스…2?"

"으음! 다시 생각해 볼까? x에 -1을 넣으면 -2 × (-1)이니까 계산하면?"

"…모르겠어요."

"음수랑 음수를 곱하면 양수. 그러니까 마이너스랑 마이너스를 곱하면 플러스가 돼. 그럼 -2랑 -1을 곱하면 플러스가 되겠지? 그럼 계산하면 y 값은 뭐가 될까?"

"무슨 말인지 모르겠어요…."

한참 동안 설명해 보려 노력했지만, 내가 수학 교사가 아니어서

였을까? 나에게는 너무나도 당연한 음수와 음수를 곱하면 양수가 된다는 개념을 안나에게 알려 주는 것은 쉽지 않은 일이었다. 그러다 보니 그 후로는 내가 숙제를 대신해주고 있는 것 같은 모양새가 되어버렸다.

"우리 여기까지만 하고 좀 쉴까!"

그렇게 우리의 시험 대비 공부는 아주 빠르게 막을 내렸다. 말도 잃고 기력도 잃고 우리는 멍하니 허공을 바라보며 빙수를 몇 입 먹다가 시험 끝나고 보자는 인사말을 주고받으며 헤어졌다.

집에 돌아가는 길에 왠지 모를 허함이 몰려왔다. 자지도, 졸지도 못한 채 멀뚱멀뚱 앉아 무기력하게 수업을 듣던 몇몇 아이들의 얼굴이 스쳐 지나갔다. 자음모음 프로젝트에 함께하고 있는 우리 자음이들은 학교에서 어떤 얼굴로 책상 앞에 앉아 있을까?

고등학교 동창이 마침 해람중학교 교사라 안나의 학교생활을 전해 들은 적이 있다. 늘 의욕이 넘치고 교과 수업도 열심히 참여하는 아주 예쁘고, 기특한 학생이라고. 그런 안나도 한국의 교육과정을 온전히 따라가기엔 어려움이 있음을 목격한 순간이었다. 교육과정은 연속성을 띠고 있다. 밟아가던 교육과정이 아닌 새로운 교육과정을 만나는 것, 새로운 교육과정에 편입한다는 것은 결코 쉬운 일이 아니다.

Curriculum. 교육과정의 라틴어 어원은 curere, 말이 달리는 경마장의 길. 즉, 주어진 길을 달리는 학생이 달려가는 과정에서 갖게 되는 교육적 경험, 그것이 교육과정이다. 대부분의 한국 사람은 대한민국에서 태어나 유치원, 초등학교, 중학교, 고등학교, 더 나아가 대학교에 다니게 되고, 그 과정에서 우리 앞에 펼쳐질 앞날을 예상하고, 준비하고, 찬찬히 밟아갈 수 있다. 주어진 길을 잘 알고 있기 때문이다.

중도입국 청소년에게 주어진 길은 무엇일까. 이 길을 어디까지 이어질까. 그 길들은 이어져 있을까? 아이들의 과거, 현재, 미래를 생각해 본다. 키르기스스탄, 러시아, 한국, 그리고 미지의 미래. 그렇다면 이 아이들은 지금처럼 한국에서 살게 될까? 과거에 머물던 키르기스스탄 또는 러시아로 돌아가게 될까? 아니면 또 다른 새로운 세상에 적응하며 살아가게 될까?

2024년이 끝나갈 무렵, 묻고 싶었지만, 조심스러운 마음에 오랫동안 묻어두었던 질문을 건네 보았다.

"안나, 다른 친구는 곧 한국을 잠시 떠난다고 하더라고. 안나는 어때? 계속 한국에 있는 거야? 아니면 안나도 다시 떠나게 되는 거야?"

돌아온 대답은 잘 모르겠다는 말이었다. 안나의 언니는 한국 생활이 즐겁지만은 않다고, 전에 있던 곳으로 돌아가고 싶다는 이야기를 했다고 한다. 그래서 내년쯤에 한국을 떠날 예정이라고, 가족들이 돌아올 때까지 친척들과 함께 지내기로 했다고. 안나는 한국이 너무 좋아 계속 한국에서 생활하고 싶다고 말했다. 하지만 2년 뒤에는 가족들 모두 키르기스스탄으로 돌아갈 계획이라고 말하며 속상한 표정을 지었다. 안나는 혼자라도 한국에 남고 싶다고 부모님께 이야기했다고 하지만, 성인이 아닌 안나 홀로 한국에 머문다는 것은 사실 어려운 일이다.

"고등학교도 한국에서 다니고 싶어요. 그런데 엄마, 아빠가 나중에 이야기하재요. 돌아가야 한다면 어른이 되어서 대학교를 한국에서 다닐 거예요. 엄마, 아빠도 그러는 게 좋겠다고 했어요."

주어진 길이 갑작스럽게 달라진 아이들. 그 길을 묵묵히 걸어가야 하는 아이들. 그리고 또 어떤 길을 걷게 될지 모르는 아이들. 아이들이 서 있는 곳이 어디쯤일지 더듬어 보다 끝내 나는 답을 찾지 못하였다.

작가 소개

국어교육 전공을 내밀어 자음모음 프로젝트를 잡아, 일 년 넘게 행복한 배움 중인 양서영입니다. 그녀에게 강릉은, 엎어지면 코 닿을 곳곳 바다 내음으로 가득한 제2의 삶의 터전이자 꿈이 심어져 자라나는 요람입니다.

스베틀라나와 채워간 지난 시간으로 얕게나마 교육의 장에 발을 담가 보았고, 언젠가는 강릉 사람 모두가 더불어 향기로운 로컬 라이프를 즐기길 바라게 되었거든요. 이 마음은 그녀를 살아가게 하는 가장 큰 힘이라고 합니다. 오늘도 내일도 마르지 않을 바다만큼요!

미래의 건축가와
솔올미술관에 가다

 지난 첫 만남 때 함께 피자를 먹으며 서로에 대한 탐색전을 적극적으로 펼친 결과, 스베틀라나가 그림 그리는 것을 아주 좋아하고 잘한다는 것을 알게 되었습니다. 하지만 '이거 좋아해?', '저거 어때?' 아직 한국어로 원활한 소통이 쉽지 않아 대화에는 취향이나 관심사를 묻는 등의 짧은 문답만 가득하고, 무엇보다 번역기까지 필수 참여하는 총 셋의 만남을 언제까지 지속해야 할지에 대한 큰 고민이 생기기도 했습니다. 그러던 중 한국어 공부를 하기 전 가까워지는 것이 우선이다! 언어의 장벽을 뛰어넘을 수 있는 활동, 공간을 활용하자는 생각이 번뜩 들었습니다. 이에 가장 적합한 다음 만남 장소가 바로 솔올미술관이었죠.

 언덕을 굽이굽이 올라 장엄한 건물을 마주하기까지 우리는 제법 일상적인 대화를 찬찬히 나눌 수 있었습니다. 며칠 전 생일을 가족,

친구들과 어떻게 보냈는지, 다음 주에 놀이공원으로 체험학습을 떠나는데 무엇이 기대되고 무엇이 걱정인지, 오늘 수업 시간 중 기억에 남는 것이 어떤 건지. 번역기를 최대한 켜지 않고 열심히 표현하려는 모습이 기특하면서 와중에 희끗희끗 보이는 미술관의 모습에 무척이나 설레어 보이는 모습이 정말 예뻤습니다. 그리고 도착했을 때 느껴지는 압도적인 규모, 그 위에서 바라보는 교동의 전경에 잠시 진득하게 감상하고 꼼꼼히 사진으로도 담는 것을 기다린 뒤 흐뭇한 마음으로 전시를 보러 향했습니다.

'오길 잘했군.'

본격적으로 작품들을 감상하면서부터는 다른 의미로 웃음이 비집어 나왔습니다. 그 드넓은 전시 공간들을 살금살금 다니며 그림들에 꼭 집중하려는데도 뜻밖의 상황들에 자꾸만 머쓱한 미소가 지어졌습니다. 스베틀라나가 좋아하는 자연 풍경, 과일과 꽃이 담긴 그림을 잔뜩 보여주고 싶었는데 전시장에는 흰 바탕에 점 하나 찍은 추상적인 작품뿐이었습니다. 사랑할 때 겪는 현상 감정 등을 그린 것이라는, 나 자신도 온전히 느끼기 쉽지 않은 주제이자 이야기인데 내가 제대로 설명해줄 수 있을까? 해야 하는 걸까? 다음 작품, 다른 구역으로 넘어갈 때마다 마른 침도 같이 넘어갔습니다. 혹시 작가의 작업 모습과 인터뷰가 나오는 영상을 보면 감상에 조금이나마 도움이 될까 했지만, 스베틀라나는 영어도 한국어만큼이나 서툴렀고 아늑했던 영사실에서 꾸벅꾸벅 졸기만 했습니다.

그림을 모두 둘러본 후 밖으로 나왔을 때 저와 스베틀라나는 누가 먼저랄 것도 없이 큰 소리로 웃기 바빴습니다. 왜 웃는지, 어느 부분이 기억에 남는지 하나하나 설명하지 않았지만 알 수 있었습니다. 그리고 우리는 가벼운 마음으로 미술관 뒤편을 산책하며 갑갑함을 풀어냈습니다.

스베틀라나는 어린 시절부터 그림을 그리는 것을 좋아했는데, 스베틀라나의 그림 몇 점을 사진으로 보고 나니 이 아이가 무언가를 바라볼 때의 시선, 평소의 생각과 감정 등을 얼마나 솔직하게 종이 안에 담아내는지가 느껴졌습니다. 그림이 스베틀라나 자신을 표현하는 것에 있어 얼마나 중요한 존재인지도 함께 알 수 있었습니다. 또한 스베틀라나의 꿈은 건축가가 되는 것이라고 했습니다. 그제야 건물 구석구석 살펴보며 사진으로 기록하는 눈빛이 더 강렬히 와닿았습니다. 진심으로 건축가의 꿈을 응원하고 지지해주고 싶어 앞으로 솔올미술관뿐만 아니라 다채로운 영감을 받을 수 있는 여러 공간에 함께 가봐야겠다는 생각도 들었습니다. 스베틀라나가 그린 아름다운 건축물들이 세상에 나타난다면, 얼마나 더 감격스러울까요?

우리 미래의 건축가, 스베틀라나를 처음 센터에서 만났을 때 수줍어하던 모습이 마음 한쪽에 남아 있지만, 한 달도 안 되어 우리 사이의 어색함은 오월 바람이 실어 간 듯 내내 화기애애했습니다. 집으로 가는 길에서는 한국의 학교생활을 조각조각 이야기하며, 러시아의 환경과 어떻게 다른지, 어떤 점이 어렵고 무엇이 필요한지 들을 수 있었습니다. 시간표, 과목, 복장, 체험학습과 같은 행사 등 모든 부분에서 한국과 러시아의 공통점을 찾을 수가 없었는데, 그런 차이와 변화들에 잘 적응하며 착실하게 한국의 학교생활을 즐기는 스베틀라나가 무척이나 대견스러웠습니다.

헤어지기 전 스베틀라나의 생일을 늦게나마 기념하며 함께 케이크를 먹고 싶었으나 다음으로 미루게 되어 아쉬웠던 것만을 제외하면, 아주 근사한 어느 봄날의 나들이였습니다. 스베틀라나의 꿈이 언젠가 꼭 이루어지길. 그때까지 지금처럼 세상을 스베틀라나만의 시선으로 멋지게 그려내길.

깨지지 않는 마음이
닿은 날

　스베틀라나와 함께한 많은 날 중 가장 기억에 남는 하루만 꼽으라면, 저는 10월의 어느 날 함께 도자기를 빚으러 갔던 때를 말하고 싶습니다. 그날은 스베틀라나가 좋아하는 것들로만 꾸려 오로지 선물해 주고 싶었던 하루였는데, 되레 제가 선물을 받은 고마운 날이었습니다.

　이맘때 저는 몇 주간 핸드폰이 먹통이었던지라 실시간으로 소통하기 어려운 상황이었고 만약 우리가 만나는 시간이나 장소가 어긋나면 어떡할까 하는 불안감이 늘 컸습니다. 그럼에도 스베틀라나는 이 기간 내내 약속했을 때보다 조금 더 일찍 도착해 저를 항상 기다리고 있었고, 함께 하는 동안 메모나 사진 등의 기록도 전부 스베틀라나가 도와주었습니다. 내가 신경 쓰고 준비하는 것보다 더 배려하는 모습을 보며 얼마나 나와의 만남을 중요하게 여겼는지를 느꼈고 그것만으로도 미안함에 고마운 마음으로 가득했습니다.

　김밥집에서 점심을 먼저 먹고 움직이기로 한 이날도 스베틀라나는 먼저 가게 안에서 기다리고 있었습니다. 스베틀라나는 김밥을 정말 좋아하는데, 메뉴를 고를 때 저의 설명이 헷갈렸는지 매운 김밥으로 주문하는 바람에 많이 먹지 못했습니다. 만남 시작부터 걱정이 꺼지지 않고 안절부절. 어서 스베틀라나가 그토록 고대하던 도예 체험을 시켜주고 싶은 생각뿐이었습니다.

　도자기 공방 체험은 스베틀라나가 몇 달 전부터 꼭 같이 가자고 여러 번 이야기했던 것이었습니다. 평소 제가 거의 계획하고 짠 일정대로 활동하고 만나다가 이렇게까지 열렬히 원하니 제가 다 기대가 되었습니다. 그렇게 공방에 도착한 뒤 우리는 비장하게 앞치마도 갖춰 입고 선생님께 차분히 설명도 들으며 하나씩 과정을 밟아갔지만, 생각보다 수월하지 않았습니다. 처음 컵과 그릇의 디자인을 고르고 색을 섞으며 형태를 잡을 때까지는 스베틀라나가 아주 잘 따라와 주었지만, 물레로 흙을 빚을 때는 긴장하고 어려워하는 기색이 역력했습니다. 물레라는 것 자체를 우리 둘 다 처음 다뤄 보는 데다가 선생님의 지도에 바로바로 따라가지 않으면 결과물이 구상과 많이 달라질 수 있어 집중과 이해를 아주 잘해야 했었습니다. 그러나 모든 과정 내내 한국어로만 소통했기 때문에 중간중간 스베틀라나가 조금 힘들어하는 듯한 표정을 지을 때도 있었고, 우당탕 체험이 끝나고 나서야 그때 좀 더 적극적으로 옆에서 통역과 도움을 주었어야 했다는 후회가 밀려왔습니다. 스베틀라나는 저의 설명에 최대한 귀담으며 열심히 도자기를 빚었지만, 혹시라도 이해를 못했는데 제작 시간은 여유치 않아 당혹스럽고 많이 힘들지는 않았을까 미안함이 너무 크게 들었습니다. 조금 더디더라도 더 쉽게 알려 주고 스베틀라나를 잘 살폈다면, 더 즐겁고 원활한 체험이 되었을 텐데 하는 아쉬움이 남았습니다.

공방에서 나오니 날도 쌀쌀해져 있고 오늘 종일 고생만 시킨 것 같단 생각에 어깨가 더 움츠러드는 것 같았습니다. 스베틀라나의 버스를 기다리며 설명을 잘 못 해줘서 미안하다고, 재미는 있었는지 물으며 계속 얼굴을 살피는데 어느새 버스가 정류장에 다다르고 있었습니다. 스베틀라나는 버스에 오르기 직전, 다가와 저를 꼭 안아주며 말했습니다.

"선생님, 정말 고마워요!"

그 순간 이 아이의 순수한 마음이 저를 먹먹하게 데웠습니다. 어버버 내가 더 고마워 재밌었어, 라고 말하며 같이 껴안을 때 다음에 또 가자는 웃음이 제 안에 깊이 남았습니다.

스베틀라나가 탄 버스가 떠나고 정류장에 앉아 가만 깨달았습니다. 오늘 하루를 선물 받은 건 바로 나라는 걸. 이 아이가 온 마음 담아 그때 내게 고마움을 표현했지만, 사실 나는 스베틀라나에게 고마워하고 있었고 이렇게 함께 하는 시간에서 나도 성장하고 배운다는 걸.

앞으로도 스베틀라나와 많은 것을 경험하고 더 다양한 추억을 쌓겠지만 우리가 함께 빚어낸 이 날, 제게 닿은 마음이 앞으로 나를 움직이게 하는 가장 큰 힘이 되리라는 것을 확신할 수 있습니다.

고마워 스베틀라나, 우리 나중에 또 다른 색깔 다른 모양 도자기 빚으러 가자!

소돌, K-장녀,
우리는 참 비슷해

2024년이 다 가기 전, 함께 이번 한 해를 돌아보기 위해 12월 마지막 만남을 가졌습니다. 그동안 스베틀라나가 매번 주문진에서 시내, 안목까지 1시간 가까이 버스를 타고 나왔던 것이 늘 마음에 걸렸기에 이번만큼은 제가 주문진으로 향했습니다. 날씨가 오락가락하던 중, 급작스레 한파주의보가 떨어졌던 몹시도 추운 날이었습니다. 익숙한 학교 주변에서 만났을 때도 늘 즐거운 시간을 보냈지만, 스베틀라나의 안내를 받으며 주문진 거리를 걸어 다니니 추위는 잊히고 기대감만 모락모락 피었습니다.

역시 오늘도 "안녕하세요, 선생님 잘 지냈어요?"라고 먼저 말을 건네주는 스베틀라나. 스베틀라나는 한 번 질문한 것이나, 제가 알려 준 지식은 반드시 응용하고 몇 번 스스로 반복하는 멋진 자세를 갖춘 아이입니다. '잘 지냈냐'는 표현도 지난 여름날 제가 지나가 듯 던진 물음이었지만 의미나 활용 상황 등도 궁금해하며 자세히 배워간 것이고, 그 뒤로 만나자마자 혹은 연락 첫 문장으로 꼬박꼬박 잘 던져냅니다.

주문진에서 만난 우리가 처음으로 향한 곳은 주문진 윗동네 '소돌'이었습니다. 이제까지 소돌은 제가 가장 좋아하는 강릉 바다여서 종종 들렀던 아지트 같은 곳이었는데, 최근 이사 온 스베틀라나의 첫 소돌 구경을 함께 하니 친숙함과 편안함이 더해진 공간이 되었습니다. 잠시 매서운 바람도 멈추고 바다를 한참 동안 바라보며, 우리는 고요히 감상에 젖었습니다. 저와 스베틀라나는 다른 공통점도 많지만, 둘 다 바다를 좋아하고 가만히 공상하기도 즐기기에 그 시간이 아주 소중했답니다.

바다를 지나서는 근처 카페에서 글을 쓰고 그림도 그리며 몸을 녹였습니다. 카페에는 한 달 뒤 배송되는 느린 우체통이 있었는데, 처음에는 재미 삼아 새해를 맞기 전 한국어 실력을 기록해 보자, 싶어 시작했습니다. 한창 끄적이고 꾸미는 모습이 귀여워 자세히 살펴보니 당연히 한 달 뒤의 자신이 받을 수 있도록 엽서를 쓸 줄 알았는데, 스베틀라나는 러시아에 있는 할머니께 편지를 적고 있었습니다. 스베틀라나가 엽서에 어떤 말을 썼는지는 알 수 없었고 알려 하지 않았지만, 아이의 마음 깊은 곳에서 할머니와 고향을 향한 그리움이 느껴졌습니다. 몇 번이나 고쳐 쓴 편지는 저의 엽서와 우체통에 같이 넣는 척, 몰래 가져와서 따로 국제 우편으로 부쳤습니다. 지금쯤이면 스베틀라나의 마음이 잘 도착해있겠죠?

  그 후, 우리는 스베틀라나의 가족이 자주 가는 주문진의 치킨집으로 향했습니다. 스베틀라나는 햄버거나 케이크만큼 치킨을 아주 좋아하거든요. 저녁을 먹으면서는 올해를 함께 되돌아보며 내년에는 같이 무얼 하면 좋을지 이야기 나눴습니다. 스베틀라나는 올해 정말 좋은 친구들과 선생님을 만나 행복했고 저와 함께한 시간도 재밌었지만, 어머니가 아프셔서 빨리 내년이 되면 좋겠다고도 덧붙여 말했습니다. 참 어리고 여린 이 아이에게 가장 큰 존재는 어머니, 가족이구나. 스베틀라나가 지닌 마음의 무게를 조금이나마 덜어주고 싶지만, 당장 할 수 있는 것이 그저 위로와 격려의 말뿐인 것이 가슴 아팠습니다. 내가 더욱 시간을 내어 공부든 문화 체험이든 함께 하며 이 아이에게 더 넓은 세상을 보여주고 싶다는 의지도 단단히 들었습니다. 스베틀라나 또한 내년부터 한국어 공부에 더 매진하고 싶다고 부탁해 왔습니다. 스베틀라나, 기존 한국어 수업과는 다소 다를 수 있지만 내 힘이 닿는 곳까지 같이 나아가보자!

  집으로 가기 전, 다이소에 들러 고양이 사료를 사고 헤어지는 것으로 주문진 기행은 끝이 났습니다. 배가 너무 불러서 붕어빵까지는 못 샀지만, 이렇게 소소한 행복으로 가득 찼던 하루를 스베틀라나와 함께 했다는 생각에 돌아가는 버스 안에서는 무척이나 품이 따뜻하게 느껴졌습니다. 아직 한국어가 능통하진 못하지만, 우리는 지난 1년간 늘 마음을 다해 소통했고 이날 동네 친구와 보낸 일상처럼 자연스러운 시간을 보내기까지 서로 진심을 나누어 왔다는 것을 다시 한번 확인한 기분이었습니다.

앞으로도 스베틀라나와 함께하는 시간이 충만하길, 같이 만든 추억들을 원동력으로 이 아이가 더 나은 삶을 살 수 있길. 2024년 자음모음 프로젝트를 통해 소중한 인연이 닿아 이어졌음에 감사합니다. 우리가 나눈 마음은 어쩌면 국적과 나이를 뛰어넘은 우정의 빛깔 또한 지니고 있을 것이라는 생각이 듭니다. 오래오래 보자, 우리!

작가 소개

모음이
김수윤

영국의 본머스와 엑시터, 캐나다의 벤쿠버, 스페인의 세비야 등 유럽 곳곳에서 20대의 대부분을 이방인으로서 외롭지만 그래서 또 자유로운 시간을 보냈다. 그 자유가 아무에게나 주어지는 기회가 아님을 잘 알아 다시 돌아온 한국. 무엇보다 지역에서 내가 쌓아 온 시간이 잘 쓰이기를 바라며 지내던 중 '자음모음' 프로젝트를 만났다.

이방인으로서 어쩔 수 없이 맞닥뜨릴 수밖에 없는 고단함, 따분함, 그리고 외로움을 다음 세대 아이들은 그래도 덜 겪을 수 있길 바라는 마음으로 하루하루 아이들을 만나며 쌓아 온 기대와 고민을 글에 담았다.

그런데 지금 돌이켜보면,
아이들에게 도움을 주고 싶어 시작한 이 프로젝트를 통해 정작 성장한 건 아이들이 아니라 나 자신이 아니었을까. 그래서, 이렇게 쌓인 감사함을 또 어떻게 갚아야 할지 막막하고 무력해지지만, 그 고민을 끝이 아닌 시작으로 삼고 계속해서 나아가고자 한다.

그러다 보면, 서서히 그렇지만 또 어느 날 갑자기 우리 곁에 찾아온 이방인들을 낯설어하는 우리 사회에서 그들과 함께 더 나은 세상을 만들어갈 수 있는 방법을 찾을 수 있지 않을까 하는 자그마한 희망을 품어본다.

끝으로, 이 프로젝트를 기획하고 진행해준 동료들께, 무엇보다 너무 부족하고 뚝딱거린 저를 선생님이라고 잘 따라와 준 보리스, 알료나 그리고 뒤늦게 만난 예고르에게 감사함을 전한다. 우리 앞으로도 계속 좋은 친구로 만나자, 얘들아!!!

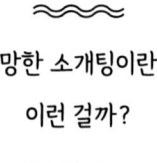

망한 소개팅이란
이런 걸까?

    강릉시 외국인근로자지원센터를 통해 만난 중학생 중도입국 청소년들에게 한국어를 가르치(는 척 하)며, 그들의 지역사회 정착을 돕는 일을 시작했다.

    어느 새부터인가, TV든 온라인이든 하루가 멀다고 등장하는 뉴스가 있다. 학령인구 감소, 지방 도시의 노동력 부족 그리고 그 해결책으로서 외국인 노동자와 외국인 학생을 더 받아들여야 한다는 이야기. 이제는 마치 매일 아침저녁으로 날씨를 확인하는 것처럼, 너무나 익숙한 뉴스가 되어버렸다.

    그러던 어느 날, 영국 대학들이 재정난을 이유로 유학생 비율을 대폭 늘리겠다는 소식을 접했다. 영국에서 학교 다니던 시절, 유학생들끼리 "우린 사실 대학의 자금줄 아니냐?"라며 자조 섞인 농담을 하곤 했는데 그때는 웃으며 넘겼지만, 문득 지금 한국에서 외국인 노동자와 학생을 바라보는 시선이 떠올랐다.

국가의 필요로 외국인을 불러들이는 모습이 어쩐지 낯설지 않았다. 이전에 내가 경험했던 상황과 한국에 들어오는 수많은 외국인의 처지가 꽤 닮아 있어서일까. 자연스레 관심이 갔고, 마음이 쓰였다. 그래서일까. 이 일을 해보지 않겠냐는 제안을 받았을 때, 망설일 이유는 별로 없었다.

과장을 조금 보태자면, 운명… 같았달까?

그리고 뭐랄까, 누구보다 내가 아이들을 조금 더 잘 이해할 수 있을 거라는 묘한 자신감도 있었다. 하지만 웬걸. 그 자신감은 아이들과의 첫 만남에서 보기 좋게 박살이 나버렸다. 처음 만나는 사이, 그것도 열 살 이상 나이 차가 나며 언어도 잘 통하지 않는 상황이니 당연히 어색할 거라 예상하긴 했다. 그런데 그 예상보다 더했다. 거의 최악에 가까운 첫 만남이었다.

소개팅을 망치면 이런 기분일까…?

어색한 공기를 깨보겠다고 공감대를 찾으려 애쓰고, 두 아이가 좋아할 만한 것들을 떠올려 무작정 말을 꺼내던 내 모습은 지금 떠올려도 이불킥 감이다. 무엇보다 한국어를 가르치려면 내가 말을 줄이고 아이들이 말을 많이 하도록 유도해야 하는데, 그 기본조차 지키지 못한 채 허둥대기만 했다. 결국, 초라함만 가득 남은 시간이었다.

 이대로는 안 되겠다. 내가 안다고 생각했던 것들을 모두 내려놓고, 처음부터 다시 시작해야겠다고 다짐했다. 오직 아이들의 시선에서, 아이들의 입장에서. 이 다짐이 아이들에게 조금이라도 도움이 되길 바란다. 이민자로서의 삶이 당연히 고단한 것이 아니라, 작게나마 해결될 수 있는 문제로 바뀌길 바란다. 나보다는, 내 친구들보다는, 지금의 아이들이 덜 힘들었으면 좋겠다. 첫 만남을 망치고 온 내가 앞으로 잘할 수 있을지는 모르겠지만… ㅠㅠ

〰️
**어떻게든
너희들의 이야기를 듣겠어!**
〰️

   내가 20대의 대부분을 외국에서 살며 고군분투해 익힌 언어 습득의 필승법은 단 하나다. 인풋 이상으로, 더 많은 아웃풋을 만들어 내는 것. 즉, 듣고 읽는 시간보다 말하고 쓰는 시간을 더 많이 확보하는 것이다.

   아이들은 이미 학교와 학원에서 충분히 많이 듣고 읽고 있다. 그러니 나와 함께하는 시간만큼은 어떻게든 말을 더 많이 하게 해야겠다고 생각했다. 그렇다면 나에게 필요한 건 아이들의 다양한 표현을 끌어낼 '좋은 질문'을 던지는 것이다.

   하지만 첫 만남에서 자신감이 한풀 꺾여서였을까. 한동안 아이들을 만나는 게 좋으면서도 어색했다. 어떤 질문을 해야 할지 감이 잡히지 않았다.

초반에 던진 질문들을 떠올리면 정말이지 가관이 아닐 수 없달까? 어린 시절, 부모님이나 어른들이 던지는 질문에 답하기 곤란했던 기억이 있다. 그런데 내가 아이들에게 바로 그런 질문을 하고 있었다.

"친구들이랑 뭐하면서 놀았어?"

맥락을 모르는 사람이 던진 질문에 어떤 대답을 하든, 그 진짜 의미가 제대로 전달될 리 없다. 결국 아이들도 대충 표면적인 답을 내놓았고, 대화는 쉽게 단절됐다. 한국어 연습은커녕, 어색한 공기가 흐르는 일이 다반사였다. 곰곰이 생각해 보니, 이런 질문은 주로 아이들과 많은 시간을 보내지 않던 아버지들이 어색한 침묵을 깨기 위해 던지는 경우가 많았다. 그러니깐… 다분히 '꼰대'스러운 질문이었던 것. 그걸 내가 아이들에게 시전했다니. 이런 현실을 자각하고 도저히 가만있을 수 없어 서점으로 달려갔다. 질문을 더 잘하기 위해 《인터뷰하는 법》이라는 책을 찾았다. 이 책을 읽고 나면, 적어도 질문다운 질문을 할 수 있겠지. 그러면 아이들과의 대화도 더 길고 깊어질 수 있을까 하는 기대를 품고서 책을 집어 들었다.

나는 어떻게든 너희들의 진짜 이야기를 듣고 싶어!

다르게 공부할 수는 없을까?

"무슨 과목 좋아해?"

학교생활에 관한 이야기를 나누려 흔한 질문을 던졌다.

"저는 기본적으로 초등학교 5학년 때 공부를 포기했어요."

그러자 아이는 번역기를 써 가며 이렇게 대답했다. 진지한 얼굴, 담백한 번역기 문장, 그리고 그와는 상반되게 자조적인 내용. 순간 나도 모르게 웃음이 터졌다. 어쩐지 예전에 일찌감치 수학을 포기했던 내 모습이 겹쳐 보였달까. 하지만 이내 깨달았다. 이건 웃을 일이 아니구나. 다행히 아이들은 내가 이렇게 본인들 이야기에 깔깔 웃는 걸 꽤 좋아하는 것 같아 별문제는 없었지만, 그날 이후 내 생각이 조금 변했다.

"한국어를 쉽고, 재밌게 잘 가르쳐 보자."

그동안 내가 가졌던 이 목표가 과연 충분한 것일까?

아이들도 한국어가 능숙해지면 학교생활을 비롯한 일상이 좀 더 수월해지지 않을까 생각했었다. 틀린 말은 아닐지 모른다. 하지만 벌써 공부를 포기했다고 말하는 중학생을 눈앞에서 마주하고 나니 내가 너무 순진했던 것 같다. 아이들에게 문제는 한국어가 아니었다. 기본적으로 불안정한 삶을 살 수밖에 없는 이주노동자의 자녀들. 그들에게 대물림 되는 불안정한 환경은 아이들의 주된 일상인 배움까지 비켜 갈 리 없었다.

문득, 이런 생각이 스쳤다.

"아이들이 공부를 안 할 수는 없을까?"

잘 알아들을 수 없는 언어로 진행되는 수업. 이해되지 않는 개념과 내용들. 의지 없이 흘려보내는 그 많은 시간. 그 시간이 아이들에게는 어떤 의미일까. 공부란 단순히 지식을 쌓고 점수를 받기 위한 행위가 아니다. 세상을 알고, 그 안에서 나를 알아가며, 비로소 자신으로 살아가기 위해 하는 것이 공부라고 믿는다. 그래서 처음

엔 웃어버렸던 아이의 말이 자꾸만 머릿속에 맴돈다. 익숙한 언어와 환경에서 살아가는 다른 아이들보다, 어쩌면 이 아이들에게 더 필요한 게 그런 공부일 텐데. 그렇다면, 포기할 수밖에 없는 공부가 아니라 따라갈 수 있는 공부는 가능할까?

아이들이 진짜 자신을 위한 공부를 할 수 있는 방법은 없을까?

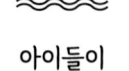

아이들이
그저 살기를 바란다

 어느 날, 한 단톡방에서 기사 하나를 공유받았다. 그날 하루 종일, 나는 우울과 무력감에 휩싸인 채 시간을 보냈다. 미등록 이주아동으로 살아오다 마침내 체류자격을 얻었지만, 산업재해로 안타깝게 세상을 떠난 한 청소년의 이야기였다.

 한겨레 「엄마, 왜 병원 밖에서 울어… 입사 8개월 만에 죽음으로 끝난 한국살이」

 기사 제목을 보고 클릭하고, 한 줄 한 줄 읽어나가는 동안 머릿속에서 우리 아이들의 모습이 계속해서 겹치는 것을 피할 수 없었다.

 얼마 전, 한 아이가 주말부터 아르바이트를 시작하게 되었다고 말했다. 이제 지역에 어느 정도 적응해 아르바이트까지 하는구나 싶어 대견하면서도, 한편으로는 힘들지는 않을까 걱정이 앞섰다. 그 기사를 보기 바로 전날, 아이들과 함께 다양한 놀이기구를 체험할 수 있는 공간에 다녀왔다. 트램펄린을 타는 아이들에게 다칠 수 있으니 조심하라고 잔소리를 하기도 했었다. 그리고 다음 날 그 기사를 접하며 나는 어떤 감정을 어떻게 마주해야 할지 혼란스러웠다. 어제 했던 잔소리도, 아이들을 향한 동질감도, 안타까움과 대견함, 그 모든 감정이 한순간에 무의미해진 것만 같았다.

'이렇게 쉽게 끝으로 내몰릴 수 있는 세상에 서 있구나.'

보험 적용을 제대로 받지 못하는 아이를 위해 그저 약 하나 사주는 것, 아르바이트를 시작하며 돈에 관심을 두기 시작한 아이들에게 경제 강의를 하나 열어주는 것, 정책을 바꿔 달라며 캠페인에 참여하는 그런 것들 말고 나는 대체 무엇을 할 수 있을까. 솔직히 말하면, 할 수 있는 게 많지 않다는 현실을 아프게 깨달았고, 그동안 "뭐라도 해 줄 수 있을 거야!"라고 믿어왔던 스스로가 우스워졌다.

나와 내 친구들보다 덜 고단한 삶을 살기를 바랐고, 공부를 포기하지 않으며 자기 자신을 바로 세우고 살아가기를 바랐다. 하지만 이제는 그저 아이들이 살기를 바란다. 건강하게, 무사히, 평범한 하루하루를 보내기를. 그러면서도 나는 무력감과 우울 속에 주저앉아 있고만 싶진 않다. 아이들과 함께한 이 1년 앞에서 부끄러워지고 싶지 않다.

 아이들의 무사하고 평범한 오늘과 내일을 위해 나는, 우리는 무엇을 할 수 있을까.

작가 소개

모음이
이재현

근 몇 년 동안 해외로 여행을 자주 다녔습니다. 여러 나라들을 돌아다니며 이색적인 음식도 맛보고 경이로운 건축물도 감상할 수 있어 행복했습니다. 특히 가장 재밌었던 순간은 다른 나라 사람들과 이야기하며 문화를 교류하는 일이었습니다.

여러 나라들을 돌아다니며 느낀 세 가지가 있습니다. 첫째, 나라마다 문화는 많이 다르구나. 둘째, 그래도 사람 사는 것은 다 똑같구나. 셋째, 다른 나라의 사람과 이야기를 나누려면 문화를 이해하고 공감대를 형성해야 하는구나.

사실 이건 우리 안에서도 마찬가지입니다. 함께 카페를 가면 원하는 음료가 각기 다른 모습을 심심찮게 볼 수 있습니다. 하지만 우린 모두 한국이라는 문화 안에 속해 있죠. 우린 항상 다르고 같음을 균형 있게 유지하며 살아갑니다.

안녕하세요. 저는 라밀, 예고르와 함께 1년을 지낸 이재현입니다. 이해하기 힘든 점도 있었고, 함께 웃었던 적도 있었죠. 제게 좋았던 경험을, 글을 읽는 이가 느낄 수 있게 한다는 것은 어려운 일이지만 최선을 다해 써 보았습니다. 재미있게 읽어주세요.

자음모음
그날 그날

-이십사년 오월 구일

나는 예고르와 라밀을 처음 만났다. 키가 크고 붙임성이 좋은 예고르. 몸집이 크고 과묵한 라밀. 둘 다 귀여운 중학교 남학생처럼 보였고 쉽게 친해질 수 있을 것 같은 느낌이 들었다.

-2024.5.9.

Я впервые встретил Егор и Рамиль. Егор был высоким и общительным, а Рамиль — крупным и молчаливым. Оба выглядели как милые ученики средней школы, и казалось, с ними будет легко подружиться.

***

-이십사년 오월 십삼일

　예고르와 라밀을 다시 만났다. 아직 어색한 기운이 감돌았다. 조금 더 친해져야지. 마침 라밀이 한국 힙합을 들려달라고 했다. 나는 평소 즐겨듣는 힙합 음악을 들려주었다. 내 선곡이 별로였는지 라밀은 고개를 저으며 키르기스스탄 노래를 들려주었다. Bakr라는 래퍼였는데 노래가 정말 좋았다.

　친구들에게 무얼 하고 싶냐고 물어봤다. 잘 모르겠다고 하자 내 딴에 가장 중학생답다고 생각한 오락실로 향했다. 농구 게임, 펀치 기계를 하며 우리는 함께 웃었다. 다음으로 사진을 찍었다. 포토부스 천장에서 아래를 향해 찍는 항공샷으로 찍었는데 예고르가 포즈를 잘 취하던 것이 기억에 남는다.

-2024.5.13.

　Я снова встретил Егор и Рамиль. Атмосфера между нами все еще оставалась немного неловкой, и я подумал, что нам нужно больше времени, чтобы подружиться. В этот момент Рамиль попросил показать ему корейский хип-хоп. Я включил свои любимые хип-хоп треки, но, видимо, мой выбор ему не понравился, потому что он покачал головой и включил песню из Киргизстана. Это был рэпер по имени Bakr, и его песня оказалась действительно классной. Я спросил у друзей, чем бы они хотели заняться, и когда они сказали, что не знают, я решил пойти в аркадный зал — это казалось мне самым "среднешкольным" занятием. Мы играли в баскетбольный автомат, били по боксерской груше и вместе смеялись. Затем мы сделали фото. Мы снимались в фотобудке с эффектом аэрошота, когда камера фотографирует сверху вниз, и особенно запомнилось, как Егор умело позировал перед камерой.

***

-이십사년 오월 이십삼일

  자음이들과 모음이들이 다 같이 모인 날. 다른 자음이들과 모음이들을 모두 만났다. 다들 각자의 방식으로 서로에게 다가가는 모습이 보였다. 지금 생각해 보면 거기서 힌트를 더 얻을 수 있었다.

아직 어색해서 여유가 없었던 나는 그때에도 라밀과 예고르가 어떤 친구들인가 눈치 살피기 급급했던 것 같다.

-2024.5.23.

В день, когда все согласные и гласные собрались вместе, я встретил других согласных и гласных. Было видно, как каждый по-своему находил подход к другим. Теперь, оглядываясь назад, я понимаю, что мог бы получить оттуда больше подсказок. Но тогда, всё ещё чувствуя неловкость и не имея внутреннего спокойствия, я был слишком занят тем, чтобы понять, какие друзья Рамиль и Егор.

* * *

-이십사년 유월 십육일

예고르는 시험공부 때문에 바빠서 라밀과 단둘이 만났다. 배드민턴을 치자고 시작한 만남은 배드민턴이 끝나고 경포호 산책까지 이어졌다. 라밀은 고국을 참 좋아하는 친구 같았다. 고향에 대한 그리움. 그런 라밀이 나는 참 좋았다. 본인이 사랑하는 것을 지키는 모습이 멋있어 보였다. 우리는 경포호 한 바퀴를 돌며 러시아어와 한국어를 교환했다. 나는 라밀에게 러시아어를 배우고 라밀은 나에게 한국어를 배웠다. 그중 가장 기억에 남는 말은 'Сегодня очень жарко' 오늘 정말 덥다는 말이다. 이날 경포호 한 바퀴는 정말 더웠지만 라밀과 많이 가까워진 느낌이 들어 마음은 산뜻했다. 러시아어를 조금 더 잘하고 싶어졌다. 그리고 러시아어를 라밀에게 들려주고 싶어졌다. 라밀이 한국에서 조금 더 편안했으면 하는 바람이 생겼다.

-2024.6.16.

Егор был занят подготовкой к экзаменам, поэтому я встретился с Рамиль наедине. Наша встреча, начавшаяся с игры в бадминтон, продолжилась прогулкой вокруг озера Кёнпхо. Рамиль казался человеком, который очень любит свою родину. Тоска по родным местам. Такой Рамиль мне очень понравился. Мне показалось, что в его умении защищать то, что он любит, есть что-то вдохновляющее. Мы обошли озеро Кёнпхо и обменивались языками: я учил русский у Рамиль, а он у меня — корейский. Больше всего мне запомнилась фраза: "Сегодня очень жарко" — "Сегодня очень жарко". В тот день прогулка вокруг озера была действительно жаркой, но я почувствовал, что стал намного ближе к Рамиль, и на душе стало легко. Мне захотелось лучше выучить русский язык. Захотелось рассказать что-то самому Рамиль. Появилось желание, чтобы ему в Корее было немного уютнее.

***

-이십사년 칠월 팔일

 광양으로 3개월 정도 파견 근무를 떠나기 전에 예고르와 라밀을 만나고 싶었다. 전에 라밀과 단둘이 만났을 때 먹었던 삼사라는 음식이 꽤 맛있었기 때문에 우리는 강릉에 있는 키르기스스탄 음식점을 찾았다. 우리는 만두처럼 생긴 'Oromo'와 케밥처럼 생긴 'Шавурма Классик', 그리고 양갈비로 만든 'Ассорти'를 주문했다. 음식은 이국적이고 맛있었다. 식사를 마친 우리는 남대천을 향해 걸었다. 걸으며 경포호에서 했던 언어 교환을 이어갔다. 예고르까지 합세해 더욱 정밀한 러시아어가 완성되었다. 나도 아이들이 궁금해하는 한국말을 들려주었다. 남대천으로 가는 길에 소품 가게에 들렀다. 소품 가게에서 예고르는 신고 있는 크록스에 끼울 지비츠를 구매했다. 남대천에 도착하자 예고르의 크록스가 짱구로 도배되었다. 우리는 함께 남대천을 산책하며 저물어가는 일몰을 감상했다.

-2024.7.8.

Перед тем как отправиться в Gwangyang на трехмесячную командировку, я хотел встретиться с Егор и Рамиль. Когда мы с Рамиль встречались в прошлый раз, мы ели блюдо под названием "Самса", которое было довольно вкусным, и поэтому мы решили найти киргизский ресторан в Каннынге. Мы заказали "Оромо", которое похоже на пельмени, "Шавурму Классик", которая выглядит как кебаб, и "Ассорти", приготовленное из баранины. Еда была экзотической и вкусной. После обеда мы пошли к реке Намдэчхон. По дороге мы продолжили языковой обмен, который начали у озера Кёнпхо. Когда присоединился и Егор, наш русский стал еще более точным. Я тоже рассказал детям несколько фраз на корейском. На пути к Намдэчхону мы зашли в магазин с сувенирами. В этом магазине Егор купил жибитсы, чтобы вставить их в свои кроксы. Когда мы дошли до Намдэчхона, его кроксы были украшены жибитсами, которые выглядели как персонажи мультсериала "Чангу". Мы вместе гуляли вдоль реки и наслаждались закатом.

* * *

-이십사년 시월 이십일일

파견 근무를 마치고 돌아와 예고르와 라밀을 만났다. 3개월이라는 시간은 쌓였던 친밀감을 많이도 허물어놨다. 맛있는 걸 먹어야겠다는 생각에 피자 약속을 잡았다. 돼지고기가 들어가지 않은 피자는 많고 언제나 맛있으니까. 친구들과 피자를 먹고 오락실을 갔다가 사진을 찍었다. 그러나 영 어색한 하루였다.

-2024.10.21.

После завершения командировки я вернулся и встретился с Егор и Рамиль. Три месяца расставания сильно повлияли на нашу близость. Подумав, что нужно поесть что-то вкусное, мы договорились поесть пиццу. Пицц, в которых нет свинины, много, и они всегда вкусные. Мы поели пиццу с друзьями, сходили в аркадный зал и сделали фото. Но день все равно был немного неловким.

***

-이십사년 시월 이십팔일

운동을 좋아하는 예고르와 라밀을 위해 클라이밍 체험을 준비했다. 교동에 위치한 클라이밍센터. 입구에 들어서니 강사분께서 이런저런 안내를 해 주셨다. 한국말을 곧잘 하는 예고르가 라밀에게 주의 사항을 통역해 주었다. 우리는 단계별로 인공암벽을 오르며 성취감을 느꼈다. 클라이밍이 끝나고 닭갈비를 먹으러 갔다. 매운 음식 잘 먹는다고 말해놓고 엄청나게 매워했다. 이 기억이 라밀과 예고르에게 살아가며 좋은 기억으로 남길 바란다.

-2024.10.28.

  Я подготовил для Егор и Рамиль занятие по скалодромному подъему, потому что они оба любят спорт. Мы отправились в центр скалодрома, расположенный в районе Кёдон. Как только мы вошли, инструктор начал давать различные указания. Егор, хорошо говорящий по-корейски, переводил предупреждения для Рамиль. Мы поочередно поднимались по искусственным скалодромам и ощущали радость от достижений. После занятия скалодромом мы пошли поесть dakkalbi. Они сказали, что хорошо переносят острую пищу, но при этом сильно мучились от остроты. Пусть эта память живёт в их сердцах и останется хорошей памятью для Рамиль и Егор.

2.
자음이들이
삐뚤빼뚤 한글로

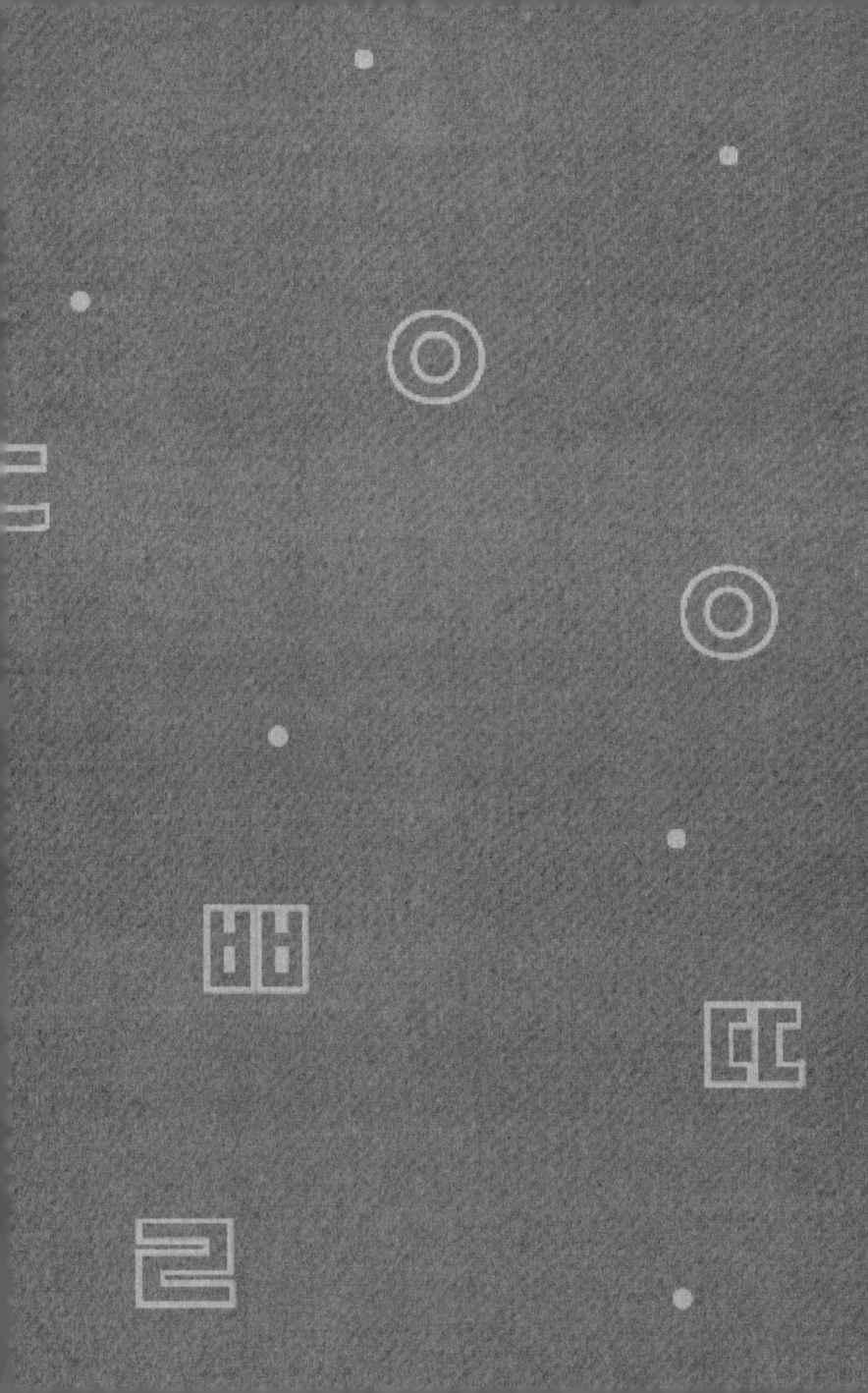

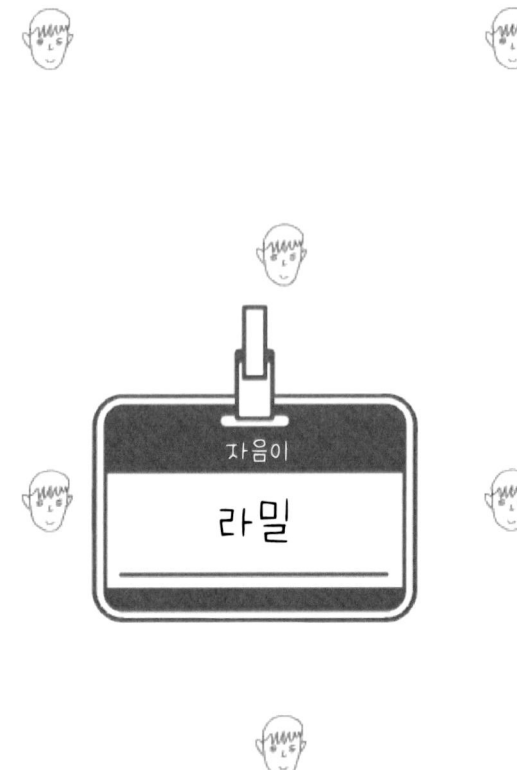

제 이름은 라밀 입니다.

저는 2년전 12살 때내 키르기스탄에서 한국에 왔고, 이제 14살이 되었습니다.

저는 방과 후에 친구들과 배구하는것을 좋아하고, 헬스하는 것도 좋아합니다.

그리고 한국 음식도 키르기스탄 음식만큼 맛 있습니다. 그중 떡볶이, 치킨, 라면을 즐겨 먹습니다.

저는 해담 중학교 1학년 ㅇㅇ 학생입니다.
저에게는 미솝이라는 친구가 있습니다.
그 친구는 학교에 다니지는 않지만
함께 운동을 하며 친해졌습니다.
학교에서 저는 체육을 가장 좋아합니다
그리고 급식은 맛있지만 돼지고기는 싫습
니다.

저에게는 엄마, 아빠 그리고 형이 있습니다. 엄마는 치킨을 가장 좋아합니다. 아빠는 생선회를 가장 좋아합니다. 형은 양고기를 가장 좋아합니다. 우리는 서울에 여행을 가서 썰매를 탄 적이 있습니다. 또 부산에 여행을 가서 바다 구경을 했습니다.

저는 재헌 선생님과 범석 선생님과 재밌는 것들을 많이 했습니다. 재헌 선생님과 신내 암벽등반을 했는데 정말 재맜있고, 범석 선생님과 배드민턴을 쳤는데 너무 재밌었습니다. 둘 다 너무 좋은 분들입니다.

제 이름은 라밀입니다. 저는 2년 전 12살 때 키르기스스탄에서 한국에 왔고, 이제 14살이 되었습니다. 저는 방과 후에 친구들과 배구하는 것을 좋아하고, 헬스하는 것도 좋아합니다. 그리고 한국 음식도 키르기스스탄 음식만큼 맛있습니다. 그 중 떡볶이, 치킨, 라면을 즐겨 먹습니다.

저는 해람중학교 1학년 학생입니다. 저에게는 이솝이라는 친구가 있습니다. 그 친구는 학교에 다니지는 않지만 함께 운동을 하며 친해졌습니다. 학교에서 저는 체육을 가장 좋아합니다. 그리고 급식은 맛있지만 돼지고기는 싫습니다.

저에게는 엄마, 아빠 그리고 형이 있습니다. 엄마는 치킨을 가장 좋아합니다. 아빠는 생선요리를 가장 좋아합니다. 형은 양고기를 가장 좋아합니다. 우리는 서울에 여행을 가서 썰매를 탄적이 있습니다. 또 부산에 여행을 가서 바다 구경을 했습니다.

저는 재현 선생님과 범석 선생님과 재밌는 것들을 많이 했습니다. 재현 선생님과 실내 암벽등반을 했는데 정말 재밌었고, 범석 선생님과 배드민턴을 쳤는데 너무 재밌었습니다. 둘 다 너무 좋은 분들입니다.

자음이

예고르

저는 키로기스스탄 출신으로 한국나이로 15살 예교 라고 합니다

나는 처음에 학교에서 적응하는 것이 어려웠지만, 나는 러시아어를 사용하는 친구들을 많이 찾았고 그들은 내가 한국어를 배우고 난 후에 한국사람들이 매우 재미있고 난 후에 한국 사람들이 매우 재미있고 친절하다는 걸을 깨 달았를 때 내 한국어 중간 수준의 한국어에 도달 할 때까지 나를 도와주었다

저의 가족은 엄마, 아빠 여동생 2명 그리고 저 이렇게 5명 입니다

우리 선생님은 경찰에서 일하지만, 그는 운전을 잘 한다, 우리는 마지막으로 앤더에인먼트 센터에 갔다. 나는 그곳에서 친구들과 선생님과 함께 매우 즐거웠다

다른 선생님은 배에서 일하고 그가 가장 좋아하는 취미는 달리기이고 그는 매우 강건하고 옷을 나무 잘 입는다, 그가 스타일리스타고 말하는 것 같아, 우리는 마지막으로 클라이밍을 갔다.

저는 키르기스스탄 출신으로 한국 나이로 15살 예고르라고 합니다.

나는 처음에 학교에서 적응하는 것이 어려웠지만, 나는 러시아어를 사용하는 친구들을 많이 찾았고 그들은 내가 한국어를 배우고 난 후에 한국 사람들이 매우 재미있고 친절하다는 것을 깨달았을 때 내 한국어 중간 수준의 한국어에 도달할 때까지 나를 도와주었다.

저의 가족은 엄마, 아빠, 여동생 2명 그리고 저 이렇게 5명입니다.

우리 선생님은 경찰에서 일하지만 그는 운전을 잘 한다. 우리는 마지막으로 엔터테인먼트센터에 갔다. 나는 그곳에서 친구들과 선생님과 함께 매우 즐거웠다. 다른 선생님은 배에서 일하고 그가 가장 좋아하는 취미는 달리기이고 그는 매우 강건하고 옷을 아주 잘 입는다. 그가 스타일리스트로 일하는 것 같다. 우리는 마지막으로 클라이밍을 갔다.

자음이

다니일

다니엘

저는 러시아에서 왔어요. 모스크바에서 오고 여기는 8년 동안 살고 있어요. 내 꿈은 아르티스트 아니면 가수(아이돌)이요.

좋아하는거 노래듣기, 아 맞다 내 나이는 14살인데 중학생이요.

저는 대학생되면 예술대학교 가면 좋아는거 같아요.

학교 애들이랑 잘 친하고 ~~학교 친구 학년~~ 애 나 나명 남자 내 4명

~~좋아하는 휴은~~ 악기 하는 사람이 있는데 우리가 2학년되면 학교에서 밴드부 할려고 했는데요.

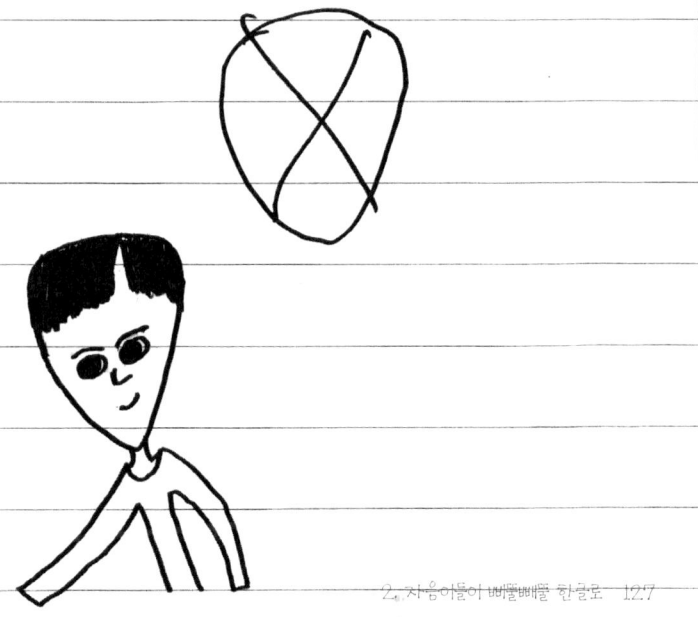

수길쌤이랑 채원쌤이랑 수업 할때 재미있고
원호더스카이 좋고 바다 갔다오고 그릇 만들고
보드게임 2번 하고 수업 걱하고 다음에 문화
집에 가요.

저는 러시아에서 왔어요. 모스크바에서 오고 여기는 8년 동안 살고 있어요. 내 꿈은 아티스트 아니면 가수(아이돌)이요. 좋아하는거 노래 듣기, 아 맞다 내 나이는 14살인데 중학생이요. 저는 대학생 되면 예술대학교 가면 좋아할거 같아요. 학교 애들이랑 잘 친하고 내 4명 악기하는 사람이 있는데 우리가 2학년 되면 학교에서 밴드부 할려고 했는데요.

수지쌤이랑 채원쌤이랑 수업할 때 재미있고 원더스카이하고 바다 갔다오고 그릇 만들고 보드게임 2번 하고 수업 잘 하고 다음에 문화집에 가요.

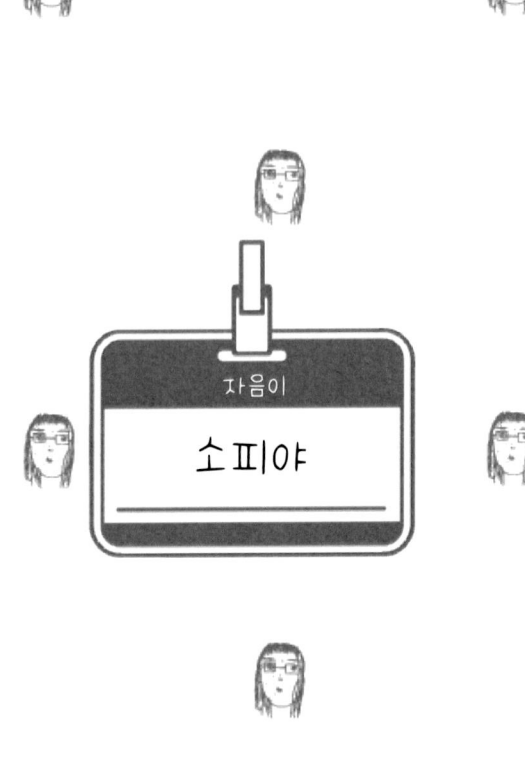

러시아, 모스크바, 15살, 12월 28일 2023년

만화 보기(내 사랑 아따따 레벨 999), 한국음식, 깻잎을

싫어해요. 정 전국 조조 가스 박 재범, 이 민호, 카리나♡ 엄마,

한국이 선생님, 장 주지 선생님, 채원 선생님, 장 혜원(친구반), 박 주원 이 슬 리, 엄마,
(반)
아빠, 언니

< 가족 소개합니다 >

엄마 아빠 있어요, 언니도 있어요. 우리 다 같이 한 저녁에

우리 다 같이 저녁에 하루에 있었던 일에 대해 답을 얘기 나눠요

아빠는 조금만 머리가 있어요. 아빠도 매운음식을 너무 좋아요.

그리고 사과도 너무 좋아요. 아빠 지금 49살이예요, 생신 10월 8일에 계요.

엄마는 머리가 노란색이예요, 엄마 다 음식을 좋아요.

엄마 지금 49살 이예요, 생신 4월 18일.

언니는 머리가 잘 아요. 다음식을 좋아요, 언니 지금 16살,

생일 2월 23일에.

소피아

엄마, 애슐리, 다니엘, 아르샤빈 ~~있는~~ 있다

엄마 : 취미: 만화책 읽기, 나이:14살, 이야기: 하루에 많이 얘기 나눠요.

애슐리 : 취미: 그림 그리기, 나이:14살, 이야기: 한국어 시간에 뭐 배웠는지 있었던 일에 대해.

다니엘 : 취미: 음악을 듣기, 나이:13살, 이야기: 여자친구 얘기.

아르샤빈 : 취미: 잠자기, 나이:12살, 이야기: 뭐 다른 친구들 도둠해요.

장 혜윤 : 취미: 이야기 ~~4~~ 같이 해요, 너무 스킨십이 많아요.

박 주원 : 취미: 만화보기, 이야기 같이 해요 만화 만들이 말해요.

러시아, 모스크바, 15살, 12월 28일 2023년

만화보기(야마다 군과 레벨 999의 사랑을 한다), 한국음식, 깻잎을 싫어해요. 정전국, 조조카스, 박재범, 이민호, 카리나♡, 엄마, 한국어 선생님, 장수지 선생님, 채원 선생님, 장혜윤(친구 반), 박주원(반), 애슐리, 엄마, 아빠, 언니

가족 소개합니다.

엄마, 아빠 있어요. 언니도 있어요. 우리 다 같이 저녁에 하루에 있었던 일에 대해 많이 얘기 나눠요. 아빠는 조금만 머리가 있어요. 아빠는 매운 음식을 너무 좋아요. 그리고 사과도 너무 좋아요. 아빠 지금 49살이에요. 생신 10월 8일이에요. 엄마는 머리가 노란색이에요. 엄마 다 음식을 좋아요. 엄마 지금 49살이에요. 생신 4월 18일. 언니는 머리가 짧아요. 다 음식을 좋아요. 언니 지금 16살, 생일 2월 23일에.

친구 소개합니다.

엄마: 취미 만화책 읽기, 나이 14살, 이야기 하루에 있었던 일에 대해 많이 얘기 나눠요.

애슐리: 취미 그림 그리기, 나이 14살, 이야기 한국어 시간에 뭐 배웠어요.

다니일: 취미 음악을 듣기, 나이 13살, 이야기 여자친구 얘기

아르샤빈: 취미 잠자기, 나이 12살, 이야기 다른 친구들 토론해요.

장혜윤: 이야기 다 같이 해요, 너무 스킨십이 많아요.

박주원: 취미 만화보기, 이야기 같이 해요. 만화 많이 말해요.

자음이

크세니야

그녀가

저는 러시아에서 왔어요. 12월 29일에 우리 가족 온지 1년이 됐어요. ~~저는~~. 제 생일이 ~~02.23.2008~~ 2월 23일 2008년이에요.

제 취미는 ~~책읽기~~ 독서 예요. 저는 학교에서 쉬는 시간 과 점심시간에 책 읽어요. 제가 가지고 있는 모든 책은 동생의 친구가 저에게 줍니다. 그녀는 항상 어떤 새로운 책이 재미있는지 알고 있어요 저는 강릉해람중학교에 다녀요. 학교에서 저는 러시아 친구들과 함께 한국어 수업을 듣고 있어요. 일주일에 10시간만 있어요. 한국어 수업 안 다닐 때 그냥 수업에 가요. 저 제일 싫어하는 과목은 과학이에요. 과학 시간에 다 못 알아 ~~들었어요~~ ~~듣~~ 듣기 때문에 좀 재미없었어요.

원더 스카이

우리가 많이 놀았어요. 우리 원더 스카이에 갔었어요. 그리고 그릇이도 간 듯 있었어요. 보드게임 했어요. 카페에서 공책 많이 했어요. 선생님을 많이 도와줬어요. 내가 저는 보드게 보드게임을 제일 재미있게 했어요.

장수지 쌤   : 김채원 쌤

— 선생님 얼굴 —

저는 러시아에서 왔어요. 12월 29일에 우리 가족 온지 1년이 됐어요. 제 생일이 2월 23일 2009년이에요.

제 취미는 독서에요. 저는 학교에서 쉬는 시간과 점심시간에 책 읽어요. 제가 가지고 있는 모든 책은 동생의 친구가 저에게 줍니다. 그녀는 항상 어떤 새로운 책이 재미있는지 알고 있어요.

저는 강릉해람중학교에 다녀요. 학교에서 저는 러시아 친구들과 함께 한국어 수업을 듣고 있어요. 일주일에 10시간만 있어요. 한국어 수업 안 다닐 때 그냥 수업에 가요. 저 제일 싫어하는 과목은 과학이에요. 과학 시간에 다 못 알아듣기 때문에 좀 재미없었어요.

우리가 많이 놀았어요. 우리 원더 스카이에 갔었어요. 그리고 그릇이도 만들었어요. 보드게임 했어요. 카페에서 공부 많이 했어요. 선생님들 많이 도와줬어요. 저는 보드게임을 제일 재미있게 했어요.

자음이

알렉산드르

안녕! 나는 알렉산드로야.
나는 키르기스스탄에서 왔어.
한국에 온 지는 2년 됐어.
나는 한국어 공부해서 한국어 잘해.
너는 어떤 운동을 좋아해?
나는 축구하고 피구를 좋아해.
너는 어떤 공부를 좋아해?
나는 수학이랑 체육을 좋아해.
나는 밥하고 포도하고 치킨을 좋아해.
너는 어떤 음식을 좋아해?
나는 돼지고기를 안 먹어.
왜냐하면 오리는 이슬람 사람들이다.
나는 파란색이랑 빨간색을 좋아해.
너는 어떤 색을 좋아해?
나는 친구들이랑 자전거를 탈 때 너무 좋아해.

우리 가족은 5명이야.
아빠, 엄마, 형, 나, 남동생 있어.
우리는 키르기스스탄 사람들이다.
우리남동생 이름은 알린이다.
제 형은 미론이다.
동생은 이가 아직 안났어.
이제 앉을수 있어. 내 생일은 5월
1일이다. 이번 생일에 아빠엄마가
저한테 아이폰을 사 줬어요.
그래서 좋았어요.
아빠 엄마께 감사해요.

아침에 일어나서 밥을 먹고 학교 갈 거야.
학교에 가서 친구들이랑 같이 축구를 해.
교실에 가서 공부를 할 거야.
친한 친구 이름은 ; 변서진, 조효성,
김이한, 문희민, 김근효야.
나는 친구들이랑 같이 축구하고 자전거
를 탈 거야. 학교 점심 시간에 밥 먹고
운동장에서 놀아요. 오늘 급식에는
밥, 김치, 감자 볶음, 닭국, 돼지고기가
나왔어. 나는 돼지고기 대신 계란을
받았어,. 오리는 미술랑 사랑으니까.
우리반 담임 선생님은 김대명이다.
좋은 선생님이다. 간식도 주고 나한테
잘해줘. 우리 학교이름은 남강초등학교
에 다녀요.

우리를 가르쳐준 선생님은 안솔미입니다. 우리 처음 만났을때 외국인 센터에서 만났습니다. 두번째에 만났을때 고래 책방에서 책도 보고 한국어 수업을 했습니다. 세번째 수업에서 홈플러스에서 만나서 인사이드 아웃2 를 봤어요. 네번째 수업을 안목에서 만나서 피자도 먹고 한국어 공부도 했어요. 다섯 번째 수업을 당신의 강릉에서 만나서 한국어 공부하고 책쓰기도 하고 음료수도 먹었어요. 당신의 강릉에는 초코라떼, 캔디라떼, 아이스티, 말차라떼가 있는데 그중에서 캔디라떼가 더 맛있었어요. 2025년에도 한국어 수업을 하고 싶어요. 안솔미 선생님이랑 만나고 싶어요.

안녕! 나는 알렉산드르야. 나는 키르기스스탄에서 왔어. 한국에 온지는 1년 됐어. 나는 한국어 공부해서 한국어 잘해. 너는 어떤 운동을 좋아해? 나는 축구하고 피구를 좋아해. 너는 어떤 공부를 좋아해? 나는 수학이랑 체육을 좋아해. 나는 밥하고 포도하고 치킨을 좋아해. 너는 어떤 음식을 좋아해? 나는 돼지고기를 안 먹어. 왜냐하면 우리는 이슬람 사람들이다. 나는 파란색이랑 빨간색을 좋아해. 너는 어떤 색을 좋아해? 나는 친구들이랑 자전거를 탈 때 너무 좋아해.

우리 가족은 5명이야. 아빠, 엄마, 형, 나, 남동생있어. 우리는 키르기스스탄 사람들이다. 우리 남동생 이름은 알린이다. 제 형은 미론이다. 동생은 이가 아직 안 났어. 이제 앉을 수 있어. 내 생일은 5월 1일이다. 이번 생일에 아빠, 엄마가 저한테 아이폰을 사줬어요. 그래서 좋았어요. 아빠, 엄마께 감사해요.

아침에 일어나서 밥을 먹고 학교 갈 거야. 학교에 가서 친구들이랑 같이 축구를 해. 교실에 가서 공부를 할 거야. 친한 친구 이름은 변서진, 조효성, 김이한, 문희민, 김근호야. 나는 친구들이랑 같이 축구하고 자전거를 탈 거야. 학교 점심시간에 밥 먹고 운동장에서 놀아요. 오늘 급식에는 밥, 김치, 감자볶음, 닭국, 돼지고기가 나왔어. 나는 돼지고기 대신 계란을 받았어. 우리는 이슬람 사람이니까. 우리반 담임 선생님은 김태명이다. 좋은 선생님이다. 간식도 주고 나한테 잘해줘. 우리학교 이름은 남강초등학교에 다녀요.

우리를 가르쳐준 선생님은 안솔미입니다. 우리 처음 만났을 때 외국인센터에서 만났습니다. 두 번째 만났을 때 고래책방에서 책도 보고 한국어 수업을 했습니다. 세 번째 수업에서 홈플러스에서 만나서 〈인사이드 아웃2〉를 봤어요. 네 번째 수업을 안목에서 만나서 피자도 먹고 한국어 공부도 했어요. 다섯 번째 수업을 당신의 강릉에서 만나서 한국어 공부하고 책 쓰기도 하고 음료수도 먹었어요. 당신의 강릉에는 초코라떼, 캔디라떼, 아이스티, 말차라떼가 있는데 그 중에서 캔디라떼가 더 맛있었어요. 2025년에도 한국어 수업을 하고 싶어요. 안솔미 선생님이랑 만나고 싶어요.

안녕! 나는 미론이야. 나는 키르기스스탄에서 왔어.
나는 금요일에 한국어 수업을 들으며 공부해.
나는 한국어 공부 좋아해.
나는 친구들이랑 축구타는걸 ● 좋아해.
나는 밥하고 치킨하고 포도하고 김치 좋아해.
나는 돼지고기는 안먹어 우리는 이슬람을 믿다.
나는 자전거를 잘타. 나는 동생이랑 자전거를 타.
나는 당신의 강릉의 초코라떼를 좋아해.
나는 고래책방에서 한국어 수업 선생님 좋아해.
선생님 이름은 안슬미 입니다.
나는 한국어 읽고 써요 말도 할줄 알아요.

우리 가족은 5명이야. 엄마, 아빠, 동생 두명 있어. 알렉산드르 11살 이고 아기는 8개월 됐어. 아기 이름은 알린 이야 아기는 죽을 먹어. 죽을 키르기스스탄 어로 씨린고흐즈 라고 불러. 러시아 어로는 카샤라고 불러 나는 아빠 닮았고 알렉산드르는 엄마는 닮았고 알린는 엄마 아빠 다 닮았다.

나는 학교에서 교실 책을 읽어요 교실에 친구들에게
안녕. 인사를 해. 친구들이랑 자전거를 타.
수요일 12교시에 미술 수업을 좋아해 미술시간에
그림을 그려. 오늘 점심시간에 밥하고 김치하고 치킨하고
국하고 소고기를 먹었어. 나는 강릉중학교를 다녀
나는 금요일에 점심 먹고 학교에서 한국어 수업을
들어. 한국어 선생님 이름은 이영티 입니다.
이영티 선생님 좋아해
우리 담임 선생님은 영어를 가르치는 고등1정
선생님 입니다.

우리는 한국어 수업은 산대 고래책방 안목 바다 당신이 강릉 통플러스 영화관에서 만났습니다 선생님은 안솔미 선생님은 동명 중학교에서 일했어요 국어를 가르친대요. 선생님과 한국어 수업에서 바다에서 피자도 먹었어요 티니바나서 빙수도 처음 먹었어요 달기 아이스크림도 먹었어요 즐았어요 영화관에 가서 인사이드 아웃을 봤어요 팝콘이랑 콜라랑 딸기 먹었어요 영화는 재밌었어. 또 보러 가고 싶어요. 코크 치킨도 먹었는데 좋았어요 남강초 등탁고에서 만났어요 맛있어요 탕후루도 먹으려고 했는다 못 먹었어요. 물을 단 받았어요. 다음에 가기로 했어요.

안녕. 나는 미론이야. 나는 키르기스스탄에서 왔어. 나는 금요일에 한국어 수업을 들으며 공부해. 나는 한국어 공부 좋아해. 나는 친구들이랑 축구하는 걸 좋아해. 나는 밥하고 치킨하고 포도하고 김치 좋아해. 나는 돼지고기는 안 먹어. 우리는 이슬람을 믿다. 나는 자전거를 잘타. 나는 동생이랑 자전거를 타. 나는 당신의 강릉의 초코라떼를 좋아해. 나는 고래책방에서 한국어 수업 선생님 좋아해. 선생님 이름은 안솔미입니다. 나는 한국어 읽고 써요. 말도 할 줄 알아요.

우리 가족은 5명이야. 엄마, 아빠, 동생 두 명 있어. 알렉산드르는 11살이고 아기는 8개월 됐어. 아기 이름은 알린이야. 아기는 죽을 먹어. 죽을 키르시스스탄어로 씨린구르즈라고 불러. 러시아어로는 카샤라고 불러. 나는 아빠 닮았고 알렉산드르는 엄마를 닮았고 알린은 엄마, 아빠 다 닮았다.

나는 학교에서 교실 책을 읽어요. 교실에 친구들에게 안녕, 인사를 해. 친구들이랑 자전거를 타. 수요일 1, 2교시에 미술 수업을 좋아해. 미술 시간에 그림을 그려. 오늘 점심시간에 밥하고 김치하고 치킨하고 국하고 소고기를 먹었어. 나는 강릉중학교를 다녀. 나는 금요일에 점심 먹고 학교에서 한국어 수업을 들어. 한국어 선생님 이름은 이영희입니다. 이영희 선생님 좋아해. 우리 담임 선생님은 영어를 가르치는 고혜정 선생님입니다.

우리는 한국어 수업은 센터, 고래책방, 안목 바다, 당신의 강릉, 홈플러스 영화관에서 만났습니다. 선생님은 안솔미 선생님은 동명중학교에서 일했어요. 국어를 가르친대요. 선생님과 한국어 수업에서 바다에서 피자도 먹었어요. 태어나서 빙수도 처음 먹었어요. 딸기 아이스크림도 먹었어요. 좋았어요. 영화관에 가서 〈인사이드 아웃〉을 봤어요. 팝콘이랑 콜라랑 닭고기 먹었어요. 영화는 재미있어요. 또 보러 가고 싶어요. 크크크 치킨도 먹었는데 좋았어요. 남강초등학교에서 만났어요. 맛있어요. 탕후루도 먹으려고 했는데 못 먹었어요. 문을 닫았어요. 다음에 가기로 했어요.

안녕하세요. 제 이름은 안나입니다. 우리 가족은 2023년 6월에 한국에 왔어요. 아빠가 먼저 한국에 있었어요. 지금은 우리 다 같이 강릉에 살고 있습니다. 저는 한국에 오고 8월부터 옥천초등학교 다니고 졸업했어요.

지금은 해람중학교에 다니고 있습니다.

저는 한국에 처음 왔을 때 심심하고 친구가 없고 우울기도 했는데 옥천초가고 친구들도 많이 생겼어요. 저는 좋아하는 가수는 Day6 (데이식스) welcome to the show 노래를 제일 좋아합니다.

우리 아빠는 너무 웃기는 사람이에요. 아빠 이름은 에리크예요.

우리 아빠 요리 진짜 잘해요 엄마보다도 잘 할것 같아요..ㅎㅎ

아빠가 만들어주신 닭계탕을 먹으면 진짜로 기분이너무 좋아요.

우리 엄마는 너무 착해요! 엄마 이름은 언나예요.

우리 엄마는 요리를 별로 안좋아하지 않지만 엄마가 만드려주신 만두는

너무 맛있어요. 그리고 우리 엄마는 광장 작하고 여쁘고 생겼어요.

우리 언니는 그냥 사람 같아 생겼습니다! 우리 언니 이름은 안로나 라고

합니다. 우리 언니는 착하는데.. 화나면 진짜 진짜 너무 무서워요 ㅠㅠ.

근데 언니는 요리 잘해요. 맛있는거 많이 만들어줘요. 그리고 언니 돈이

많아서 나한테 과자 엄청 많이 사줘요!!

우리 남동생은 그냥 강아지 같아요. 진짜 너무 씨끄러워요... 그래서 우리 좀

많이 싸워요. 근데 우리 동생은 너무 착해까지고 나한테 맛있는거

많이 사줘요!! 동생 이름은 미누엘이예요. 미누엘은 축구 진짜 매우 좋아하고

엄청 잘해요. 그리고 요즘은 데구완도 다니고있어요..

_160_ 열네 살, 한국에 왔어요.

저는 학교 가기 즐겁습니다. 학교에서 친구들 있고 놀으면 되니까!

목천초등학교 졸업하고 태랑중학교 가기 너무 무서웠어요. 저 중학교

어떻게 공부 할지예요 한국어로도 못했어 그런 생각도 많이 했고

걱정됐어요.. 근데 학교 처음 갔고 우리 반 보고 너무 좋았어요.

우리 반 애들이도 좋아고 친구들이도 많이 생겼어요. 가장 친한친구는 김윤서예요!!

우리 윤서랑 같은 반 이라서 빨리 친해졌어요. 학교끝나고 윤서랑 같이 밥도 먹고,

카페도 가고, 안목 가지 가봤어요!!

학교에서 수업시간에 이해가 안가면 반 애들이 많이 도와졌어요. 그리고 학교에서 제일

기억하는 날 체육대회예요. 우리 반이 1등 안했지만 우리다 같이 수고많았어요!!

그리고도 기억하는 날 축제 날예요! 2-3학년 선배들이 재미있는거 너무 많이

준비했자고. 우리 윤서랑 2학년 1반부터 3학년 4반 까지 다 보고 즐거운 시간

보냈어요! 학교가 좋아하고 계속 한국에서 있고 싶어요. 러시아 아니면 크르기스스탄 으로

돌아가면서도 거기에서 한국어 공부 열심히 하고 한국오로 다시 오고

대학교 가 한국에서 다니고 싶어요.

수지샘 처음에 봤을 때 저 꼭 수지샘이랑 있어야해요 라고 생각했어요!!

수지샘은 정말 작하고, 귀엽고, 예쁘고 생겼어요. 저는 수지 샘이랑 같이

할수있어서 너무 행복했어요! 수지 샘이랑 1년동안 보낸 시간 이 정말 좋았어요.

제일 기억이 나는 날 체육대회 날 에요, 우리 거기서 난다학교 애들이랑도

만났고, 친해졌어요. 그리고 우리 반지 만들어 갔는 날도 기억해요,

우리 그 날에 반지 만들 어면서 재미있게 얘기했어요. 반지도 너무 잘 만들었네요.

그리고! 우리 양시앙 쌤이랑 수지쌤이랑 스베트라나랑 저랑 4시 만옥 갔는거오

기억해요! 우리 만옥 에서 맛있게 먹고, 재미있는 얘기도 하고, 그리고

편지도 섰어요. 수지 쌤 나한테 섰는데 진자로 너너무 귀엽고 써줬어요 ㅠㅠ

마지막으로.. 수지 쌤 한테 1년 동안 보내는 시간 너무 너무 너무 감사하고

사랑합니다 수지 쌤 뿅♡♡

안녕하세요. 제 이름은 안나입니다. 우리 가족은 2023년 6월에 한국에 왔어요. 아빠가 먼저 한국에 있었어요. 지금은 우리 다 같이 강릉에 살고 있습니다. 저는 한국에 오고 8월부터 옥천초등학교 다니고 졸업했어요. 지금은 해람중학교에 다니고 있습니다.

저는 한국에 처음 왔을 때 심심하고 친구가 없고 무섭기도 했는데 옥천초 가고 친구들도 많이 생겼어요. 저는 좋아하는 가수는 Day6(데이식스) 〈Welcome to the show〉 노래를 제일 좋아합니다.

우리 아빠는 너무 웃기는 사람이예요. 아빠 이름은 에리크예요. 우리 아빠 요리 진짜 잘해요. 엄마보다도 잘 할 것 같아요... ㅎㅎ 아빠가 만들어주신 삼계탕을 먹으면 진짜로 기운이 너무 좋아요. 우리 엄마는 너무 착해요! 엄마 이름은 엘랴예요. 우리 엄마는 요리를 별로 안 좋아하지 않지만 엄마가 만들어주신 만두는 너무 맛있어요. 그리고 우리 엄마는 그냥 착하고 예쁘게 생겼어요. 우리 언니는 그냥 사람 같이 생겼습니다! 우리 언니 이름은 알료나라고 합니다. 우리 언니는 착하는데... 화나면 진짜 진짜 너무 무서워요ㅠㅠ. 근데 언니는 요리 잘해요. 맛있는거 많이 만들어줘요. 그리고 언니 돈이 많아서 나한테 과자 엄청 많이 사줘요!! 우리 남동생은 그냥 강아지 같아요. 진짜 너무 시끄러워요... 그래서 우리 좀 많이 싸워요. 근데 우리 동생은 너무 착해가지고 나한테 맛있는거 많이 사줘요!! 동생 이름은 미누엘이에요. 미누엘은 축구 진짜 너무 좋아하고 엄청 잘해요. 그리고 요즘은 태권도 다니고 있어요.

저는 학교 가기 즐겁습니다. 학교에서 친구들 있고 놀면 되니까! 옥천초등학교 졸업하고 해람중학교 가기 너무 무서웠어요. 중학교에서 어떻게 공부할지, 한국어도 못해서 그런 생각도 많이 했고 걱정됐어요. 근데 학교 처음 가고 우리 반 보고 너무 좋았어요. 우리반 애들이 좋았고 친구들도 많이 생겼어요. 가장 친한 친구는 김윤서예요!! 우리 윤서랑 같은 반이라서 빨리 친해졌어요. 학교 끝나고 윤서랑 밥도 먹고, 카페도 가고, 안목까지 가봤어요!! 학교에서 수업시간에 이해가 안 가면 반 애들이 많이 도와줬어요. 그리고 학교에서 제일 기억나는 날은 체육대회에요. 우리반이 1등 안 했지만 우리 다 같이 수고 많았어요!! 그리고 또 기억하는 날 축제 날이에요! 2, 3학년 선배들이 재미있는거 너무 많이 준비해가지고. 우리 윤서랑 2학년 1반부터 3학년 4반까지 다 보고 즐거운 시간 보냈어요! 학교를 좋아하고 계속 한국에서 있고 싶어요. 러시아 아니면 키르기스스탄으로 돌아가면 거기에서 한국어 공부 열심히 하고 한국으로 다시 오고 대학교가 한국에서 다니고 싶어요.

수지쌤 처음에 봤을 때 저 꼭 수지쌤이랑 있어야해요 라고 생각했어요!! 수지쌤은 정말 착하고, 귀엽고, 예쁘게 생겼어요. 저는 수지쌤이랑 같이 할 수 있어서 너무 행복했어요! 수지쌤이랑 1년동안 보낸 시간이 정말 좋앉어요. 제일 기억이 나는 날 체육대회 날이에요. 우리 거기서 날다학교 애들이랑도 만났고 친해졌어요. 그리고 우리 반지 만들러 갔던 날도 기억해요. 우리 그 날에 반지 만들면서 재미있게 얘기했어요. 반지도 너무 잘 만들었어요. 그리고 우리 양서영쌤이랑 수지쌤이랑 스베틀라나랑 저랑 넷이 안목 갔던 것도 기억해요. 우리 안목에서 맛있게 먹고, 재미있는 얘기도 하고 그리고 편지도 썼어요. 수지쌤 나한테 썼는데 진짜로 너무 귀엽게 써줬어요. ㅠㅠ 마지막으로... 수지쌤한테 1년동안 보낸 시간 너무 너무 너무 감사하고 사랑합니다, 수지쌤!! ♡♡

안녕하세요. 제 이름은 스베틀라나 입니다. 15살이에요. 저는 러시아

저는 러시아 출신이지만 국적은 부랴트입니다. 러시아에서는 공화국이 일

저는 부랴티아라는 공화 국 하나 출신입니다. 한국에 서산지 1년 돼

습니다.

저희 취미가 그림입니다. 저는 고양이가 정말 좋아해서 고양이 있습니다

알라스카입니다. 저는 INFJ입니다. 제가 가장 좋아하는 한국 음식로

김밥과 우동이에요. 작년에 중학교에 다녔어요.

학교에 처음에 한국 친구들과 만났어요.

매주 무서웠지만 친구들이 예의 바르고 친절해

서 금방 익숙해졌어요. 그때는 한국어를 잘 몰라서

친구들과 이야기하는 것이 어려웠는데 선생님들이 도와주셨어요.

어년에 제가 정말 좋아하는 새로운 반 생겼습니다. 5월 20일에

우리반 에버랜드에 가봤어요. 저기 진짜 재있고 시원했어요. 저는

배구를 하는 스포츠 클럽에 가입했습니다. 저는 배구를 배우고 있지만

배구에 관심이 많아서 계속하고 싶습니다.

저는 주문진에 엄마와 동생이랑 살아요. 제 동생은 축구와 컴퓨터 게임을 좋아합니다. 그는 그 것에 매주 능숙해서, 우리가 전화나 TV에 문제가 있을때, 우리는 동생에게 도움을 요청합니다. 우리는 저녁에 함께 경기장에 나가서 축구과 배구를 합니다. 그것은 흥미롭고, 가끔 특고한 것은 우리에게 유명합니다. 제 엄마는 일주 명에 하시어서 항상 리홀버서 함께 시간을 보내실 수는 없습니다. 저에게 엄마는 롤모델이에요. 저는 엄마처럼 되고 싶다. 제 엄마는 책임감 있고, 친절하며, 학산 어떤 문제를 해결하고, 항상 기꺼이 도와주고, 다른 사람들이 그녀를 놀릴 이유를 절대 주지 않는 분입니다. 우리 가족에 새로운 멤버가 생겼습니다. 이것은 내 고양이예요. 저는 어렸을 때부터 고양이를 키우는 것을 꿈꿔왔는데, 마침내 고양이를 키우게 되었습니다. 처음에는 어려웠습니다. 안라스카는 이미 어른이었고 약간 소심했습니다. 지금은 안라스카는 많이 나아 졌지만 아직도 낯선 사람들 무서워합니다. 저는 키고와 그녀의 3명 사촌들이 있는데, 언니는 지금 러시아에서 공부하고 있고 나머지는 유치원에 다닙니다. 우리는 독특 함께 기식하고 명절을 축하하고 서로에게 선물을 주고 나갑니다. 올해 한국에 온 사촌이 있는데, 남동생이 유치원에 다니고 내년에는 초등학교에 다닐 예정입니다. 가족과 함께 사막산에 가봤어요. 강릉에 시내에 막국수를 먹고 한복에도 가고 스카이 베이 근처에서 연꽃이 피는 것을 봅니다.

우리 처음에 하와이 비자를 먹었어요. 두 번째 우리 미술관에 가고 쥬스를 마셨어요. 세 번째 라미하고 전번서쌤하고 수지쌤하고 안나랑 베트남음식 했어요. 네 번째 우리하고 수지쌤이과 언나랑 같이 안목 바다에 가서 카페에서 꽈배기를 먹었어요. 다음에 우리 바다 근처에 앉았어요. 수지쌤과 안나랑 같이 모여서 아이스크케어였도 했어요. 우리는 모두 외국인 센터에 모여서 숙제를 떠라고 게임을 봤습니다. 저는 강릉에서 선생님을 만나서 식사를 했습니다. 우리는 멧시고 카페에서 타코를 먹었고, 저는 어책도 쓰고 그림도 그렸습니다. 우리는 다시 만났지만 날씨가 흐리고 약간 비가 내렸지만 케이크를 먹는 것을 맞지는 못했습니다 그러다가 선생님이 좋아하는 카페 가서 사진 찍고 다시 책이 쓰고 커피를 마시고 있었습니다. 다음 번에 축포진에서 만나서 바다 근처 카페를 찾아 커피를 마시고 거기에 편지를 썼습니다. 지금은 러시아에 있는 할머니에게 썼습니다.
처음 선생님을 만났을 때 저는 양서영쌤이마 비슷하다고 생각했습니다. 저는 선생님과 함께 시간을 보내는 것을 정말 좋아해요. 내가 마음 있는 모든 것을 쌤에게 풀어놓 수 있어요.

안녕하세요. 제 이름은 스베틀라나입니다. 15살이에요. 저는 러시아 출신이지만 국적은 부랴트입니다. 러시아에서는 공화국이 있고 저는 부랴티아라는 공화국 중 하나 출신입니다. 한국에서 산지 1년 되었습니다.

저의 취미가 그림입니다. 저는 고양이가 정말 좋아해서 고양이 있습니다. 알라스카입니다. 저는 INFJ입니다. 제가 가장 좋아하는 한국 음식은 김밥과 우동이에요. 작년에 중학교에 다녔어요. 학교에서 처음 한국 친구들과 만났어요. 매우 무서웠지만 친구들이 예의바르고 친절해서 금방 익숙해졌어요. 그때는 한국어를 잘 몰라서 친구들과 이야기하는 것이 어려웠는데 선생님들이 도와주셨어요. 이번에 제가 정말 좋아하는 새로운 반 생겼습니다. 5월 20일에 우리반 에버랜드에 가봤어요. 저기 진짜 재밌고 시원했어요. 저는 배구를 하는 스포츠 클럽에 가입했습니다. 저는 배구를 배우고 있지만 배구에 관심이 많아서 계속하고 싶습니다.

저는 주문진에 엄마와 동생이랑 살아요. 제 동생은 축구와 컴퓨터 게임을 좋아합니다. 그는 그것에 매우 능숙해서 우리가 전화나 TV에 문제가 있을 때 우리는 동생에게 도움을 요청합니다. 우리는 저녁에 함께 경기장에 나가서 축구와 배구를 합니다. 그것은 흥미롭고, 가장 중요한 것은 우리에게 유용합니다. 제 엄마는 일을 많이 하셔서 항상 외출해서 함께 시간을 보내실 수는 없습니다. 저에게 엄마는 롤모델이에요. 저는 엄마처럼 되고 싶다.

제 엄마는 책임감 있고 친절하며, 항상 어떤 문제를 해결하고 항상 기꺼이 도와주고 다른 사람들이 그녀를 놀릴 이유를 절대 주지 않는 분입니다.

우리 가족에 새로운 멤버가 생겼습니다. 이것은 내 고양이에요. 저는 어렸을 때부터 고양이를 키우는 것을 꿈꿔왔는데, 마침내 고양이를 키우게 되었습니다. 처음에는 어려웠습니다. 알랴스카는 이미 어른이었고 약간 소심했습니다. 지금은 알랴스카는 많이 나아졌지만 아직도 낯선 사람을 무서워합니다.

저는 이모와 그녀의 3명 사촌들이 있는데, 언니는 지금 러시아에서 공부하고 있고 나머지는 유치원에 다닙니다. 우리는 종종 함께 외식하고 명절을 축하하고 서로에게 선물을 주고 나눕니다. 올해 한국에 온 사촌이 있는데, 남동생이 유치원에 다니고 내년에는 초등학교에 다닐 예정입니다. 가족과 함께 설악산에 가봤어요. 강릉 시내에 마라탕을 먹고 안목에도 가고 스카이베이 근처에서 연꽃이 피는 것을 봅니다.

우리는 처음에 하와이 피자를 먹었어요. 두 번째는 미술관에 가고 주스를 마셨어요. 세 번째는 라밀과 전범석쌤하고 수지쌤하고 안나랑 배드민턴을 쳤어요. 네 번째 우리하고 수지쌤이랑 안나랑 같이 안목바다에 가서 카페에서 꽈배기를 먹었어요. 다음에는 우리 바다 근처에서 만났어요. 수지쌤과 안나랑 같이 모여서 아이스스케이팅도 했어요. 우리는 모두 외국인 센터에 모여서 수다를 떨고 게임을 했습니다. 저는 강릉에서 선생님을 만나서 식사를 했습니다. 우리는 멕시코 카페에서 타코를 먹었고 저는 이 책도 쓰고 그림도 그렸습니다. 우리는 다시 만났지만 날씨가 흐리고 약간 비가 내렸지만 케이크를 먹는 것을 막지는 못했습니다. 그러다가 선생님이 좋아하는 카페 가서 사진 찍고 다시 책을 쓰고 커피를 마시고 있었습니다. 다음 번에 주문진에서 만나서 바다 근처 카페를 찾아 커피를 마시고 거기에서 편지를 썼습니다. 지금은 러시아에 있는 할머니에게 썼습니다.

처음 선생님을 만났을 때 저는 양서영쌤이랑 비슷하다고 생각했습니다. 저는 선생님과 함께 시간을 보내는 것을 정말 좋아해요. 내가 관심있는 모든 것을 쌤에게 물어볼 수 있어요.

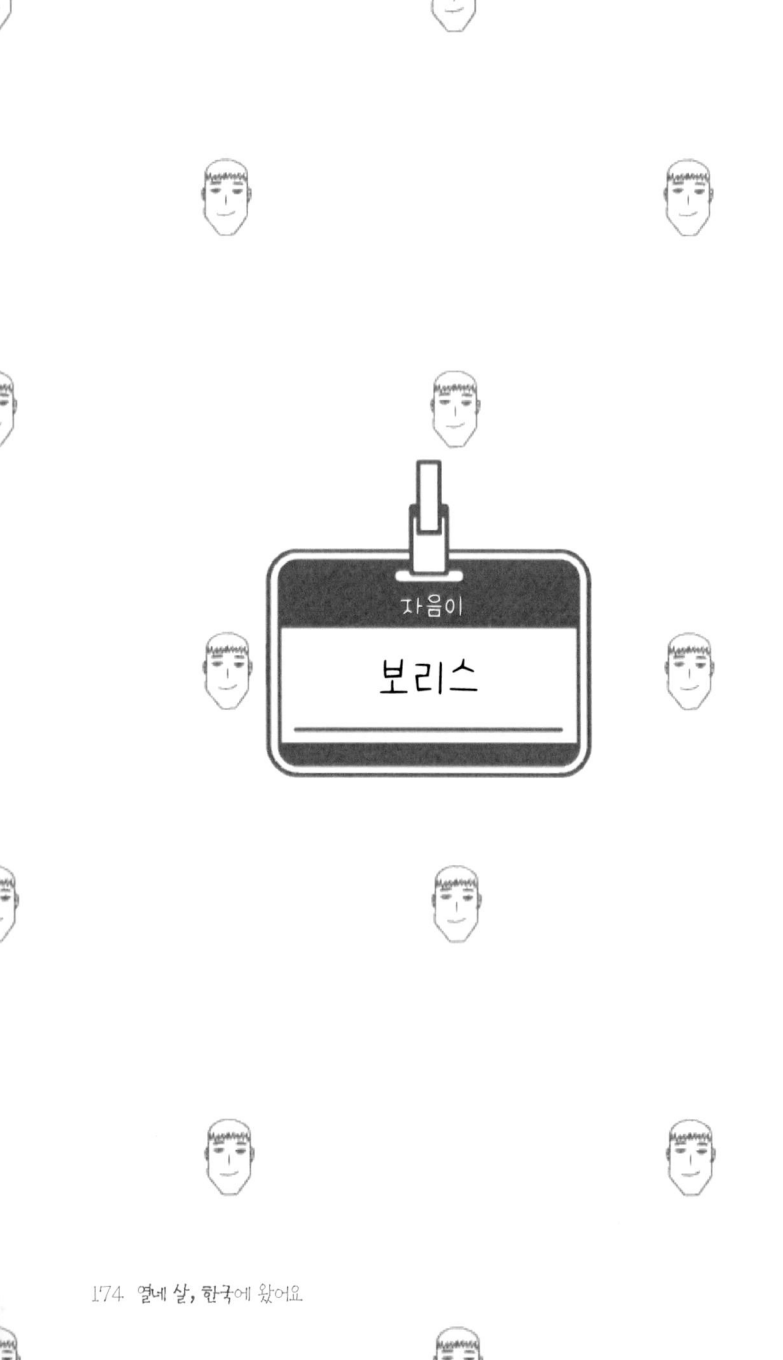

저는 키르기스스탄 사람이에요. 이름이 보리스에요. 열 다섯 살이에요. 한국에 일년 살았어요.

한국의 학교 생활은 러시아 보다 더 좋다 왜냐하면 이곳의 음식은 무료이고 수업도 러시아 보다 더 흥미 높기 때문이다.

저희 가족은 저, 아빠, 엄마, 여동생 총이 있어요.

처음 만난 날 선생님은 개성있게 옷을 입고 있었어서 그래서 나는 기억했어요.
선생님 이름은 수윤이고 키 156 친절하고 명랑하고 감정적이에요
선생님이랑 맛있는 거 많이 먹었고 많이 웃었고 정말 재밌었다.

저는 키르기스스탄 사람이에요. 이름이 보리스예요. 열 다섯 살이에요. 한국에 일 년 살았어요. 한국의 학교 생활은 러시아보다 더 좋다. 왜냐하면 이곳의 음식은 무료이고 수업도 러시아보다 더 흥미롭기 때문이다. 저희 가족은 저, 아빠, 엄마, 여동생, 형이 있어요.

처음 만난 날 선생님은 개성있게 옷을 입고 있어서 그래서 나는 기억했어요. 선생님 이름은 수윤이고 키 156 친절하고 명랑하고 감정적이에요. 선생님이랑 맛있는 걸 많이 먹었고 많이 웃었고 정말 재밌었다.

제 이름은 알로나 이고, 16살이고, 2023년 6월 16일에 한국에 와서 1년 동안 한국에 살고 있습니다.

 학교 1학년 때부터 학교에 다녔지만 아직도 한국어를 남들처럼 잘 배우지 못해 새로운 언어를 배우고 싶지도 않고, 학교에서 정성도 맛있고, 맛있는 음식도 많이 제공해 주기 때문에 한국 반친구들과 의사소통은 하지 않는다.

우리 가족은 엄마, 아빠, 저, 여동생, 언니, 남동생 이루면 5명입니다.
아버지는 요리도 잘하고 일도 잘하고, 엄마는 항상 직장에 계시고,
언니는 한국어도 잘하고, 머우엘은 태권도도 잘하기, 저는 방새도록
전화 게임도 하고, 학교도 가고, 배우오 해요. 때때로 우리는 가족과
함께 공원에 가거나, 쇼핑을 가거나, 저녁을 먹는다.

우리 김수윤 선생님, 그녀는 항상 매우 명랑하고, 우리를 돌봅니다. 그리고 그녀는 매우 현대적이고, 이쁘심이 많은 선생님입니다. 만약 우리가 그녀의 문제를 말한다면, 그녀는 듣고 도우려고 합니다. 우리는 매주 만나서 맛있는 음식 먹고, 이야기를 하고, 스케이트장을 정말 재미있게 탔습니다. 우리 선생님은 열심히 일하시고, 저는 그것이 그녀의 성공 중 하나라고 생각합니다. 그녀는 매우 활동적이고 훌륭합니다. 저는 그녀가 우리를 가르치는 것에 감사합니다.

제 이름은 알료나이고 16살이고 2023년 6월 16일에 한국에 와서 1년 동안 한국에 살고 있습니다.

중학교 1학년 때부터 학교에 다녔지만 아직도 한국어를 남들처럼 잘 배우지 못해 새로운 언어를 배우고 싶지도 않고, 학교에서 점심도 맛있고 맛있는 음식도 많이 제공해주기 때문에 한국 반 친구들과 의사소통을 하지 않는다.

우리 가족은 엄마, 아빠, 저, 여동생 안나, 남동생 미누엘이 5명입니다. 아버지는 요리도 잘하고 일도 잘하고, 엄마는 항상 직장에 계시고 안나는 한국어도 잘하고 미누엘은 태권도도 잘하기. 저는 밤새도록 전화 게임도 하고 학교도 가고 배구도 해요. 때때로 우리는 가족과 함께 공원에 가거나 쇼핑을 가거나 저녁을 먹는다.

우리 김수윤 선생님, 그녀는 항상 매우 명랑하고 우리를 돌봅니다. 그리고 그녀는 매우 현대적이고 이해심이 많은 선생님입니다. 만약 우리가 그녀의 문제를 말한다면 그녀는 듣고 도우려고 합니다. 우리는 매주 만나서 맛있는 음식 먹고 이야기를 하고 스케이트장을 정말 재미있게 탔습니다. 우리 선생님은 열심히 일하시고 저는 그것이 그녀의 성공 중 하나라고 생각합니다. 그녀는 매우 활동적이고 훌륭합니다. 저는 그녀가 우리를 가르치는 것에 감사합니다.

닫는 글

늘 있었던 사람들과
있으나 없는 사람들의 어울림

"한 아이를 키우는 데 온 마을이 필요하다."는 아프리카의 유명한 속담처럼 이주민을 어떻게 대하는지에 대해 잘 알려주는 말이 있습니다. 스위스의 희곡 〈우리는 이탈리아 사람이다〉에서 "노동력을 원했는데, 사람이 왔다"는 구절입니다. 과거 서독이 이탈리아와 협정을 맺고 이주노동자를 데려오면서 사회통합에는 크게 관심을 두지 않은 것을 풍자한 말입니다.

이름부터 입에 착붙었던 '자음모음 프로젝트'는 늘 있었던 사람들과 있으나 없는 사람들이 만나고 어울리는 일이었습니다. 서로에게 주어졌던 선을 넓게 만들어 보거나 선을 넘나들기 위한 연결이었습니다. 이야기들을 한 자 한 자 읽어본 바, 서로에게 매우 흥미롭고, 유익한 일이었던 것 같습니다. 상당히, 상당하게 감사합니다!

자음이들과 모음이들, 모두를 항상 어디에서든 지지하고 응원합니다.

강릉시외국인근로자지원센터장 최복규

기댈
어른이 있다는 것

 강릉에 살고 있는 중도입국 이주 청소년이 자음이로, 이들을 지지하는 선주민 어른들이 모음이로 만나 조심조심 글자를 만들어가는 '자음모음 프로젝트' 기록을 따뜻하게 읽었습니다.

 국경을 넘어온 청소년들에게 다가간 인생 선배들의 속마음은 과연 어떠했을까요?

 '낯설지? 내 손을 잡으렴. 멋진 꽃길로 안내해 주마!'

 이처럼 자신감 넘치게 손을 내밀어 주저 없이 이끄는 모습을 상상했나요? 이런, 전혀 아닙니다! 인생 선배 모음이들은 새로운 만남에 대한 설렘과 '자음이랑 친해질 수 있을까, 내게 마음을 열어줄까?' 하는 걱정으로 사뭇 긴장했던 듯해요. 서로 말도 안 통할 텐데 어색해서 어쩌나 하는 걱정을 누르고, 용기를 내보자고 다독이며 만남에 나서는 모습이 글에 진솔하게 그려져 있습니다.

유년기를 출신국에서 보내고 청소년기에 국경을 넘어왔다는 의미로 '중도입국 이주 청소년'이라 불리는 이들은 크게 두 유형으로 나눠볼 수 있습니다. 첫 유형은 한국인과 혼인한 외국인이 전혼 관계에서 태어난 자녀를 초청하는 경우예요. 청소년 당사자가 낯선 이들 사이로 들어가 새롭게 가족관계를 만들어야 하니 어려움이 말도 못하죠. 두 번째 유형은 가족 동반이 허용되는 비자를 가진 이주민이 자녀와 함께 이주한 경우죠. 노동인구 부족을 해결하기 위해 초대하는 이주노동자 수가 나날이 늘어나고 있습니다. 이주노동자에게 가족 동반을 허용하지 않고 정해진 기간만 고용하고 돌려보내는 단기순환 정책이 주를 이루고 있는 동시에, 동포와 기술직 노동자에 대해서는 가족 동반과 정주를 허용하는 방향으로 점차 전환되고 있어요. 그 결과 가족 단위 이민이 늘고 중도입국 이주 청소년도 더불어 늘어나고 있죠. 이 경우에는 가족 구성원이 다 이주민이므로 한국어와 문화, 사회 작동 방식에 익숙한 이가 없어 같이 헤매야 하니 그 어려움 또한 이루 다 말하지 못할 지경입니다.

때론 가정 내에서 세대 간 갈등이 빚어지기도 해요. 이주 가정 부모 세대는 많은 경우, 자신들의 종교와 문화, 지식을 자녀 세대가 존중하고 수용하기를 바랍니다. 그러나 한국 또래 문화에 더 쉽게 끌리는 자녀들은 부모의 요구나 기대를 충족하기가 쉽지 않아요. 빈곤이나 돌봄 부족으로 고통받을 때도 외국인이기 때문에 우리 사회의 복지 시스템에 접근하지 못하는 경우가 많고요. 이주 청소년과 만나 작당하기 위해서는 이런 어려움에 대한 깊은 이해가 필요합니다. 그뿐인가요, 종류도 많고 까다로운 외국인 체류자격에 대해서도 알아야 하고, 청소년 당사자가 자라온 사회의 문화와 역사에 대한 지식도 필요하죠. 또 예민하거나 간혹 까탈스러운 청소년 특유의 감수성을 감당해야 할 때도 있을 테고요. 그러니 모음이들이 자발적으로 받아 안은 이 미션은, 마치 손바닥으로 달걀을 감싸 부화시키는 일만큼이나 어려운 일입니다. 힘주어 쥐지도 못하고, 한번 잡은 달걀을 손에서 놓을 수도 없어 쩔쩔매야 하잖아요. 정말이지, 고생들 많으셨습니다!

그런데 이상한 일입니다. 그 고생을 사서 하는 모음이들이 하나같이 고백합니다. 부족함을 채워주려 했는데, 오히려 더 얻었다고, 아이들과 함께하며 스스로 더 배우고 성장했다고요. 그 말씀에 겸손하고 강한 내면의 힘을 엿보았습니다. 청소년들에게 많은 것을 주고 계시지만, 가장 큰 선물은 관계 그 자체가 아닌가 싶어요. 세상에 기댈 어른이 있다는 것, 그것만으로도 자음이들에게는 큰 힘이 될 테니까요. 믿고 의지할 수 있는 어른 사람, 세상이 궁금할 때 질문할 수 있는 어른 사람, 힘든 일이 생겼을 때 찾아가 기댈 수 있는 어른 사람. 생각만 해도 얼마나 든든한지요. 그런 어른이 되고자 나선 모음이님들에게 온 마음으로 감사드려요. 모음이님들의 품에 깃든 자음이들에게 그 관계를 소중히 여기라 말해 주고 싶고요. 자음과 모음의 유쾌한 동행에 열렬한 박수를 보냅니다!

아시아인권문화연대 대표 이란주